EXPOSITION UNIVERSELLE DE 1889

DIRECTION GÉNÉRALE DE L'EXPLOITATION

TOMBOLA

TIRAGE DES LOTS

Le président du conseil, ministre du commerce, de l'industrie et des colonies, commissaire général,

Vu la loi du 6 juillet 1886 ;

Vu le décret du 28 juillet 1886 ;

Vu le décret du 24 mai 1889, portant règlement de la tombola de l'Exposition de 1889 ;

Sur la proposition du député chargé de la direction générale de l'exploitation ;

Sur l'avis conforme du directeur général des finances,

Arrête :

Art. 1er. — Le tirage au sort des cinq mille lots de la tombola de l'Exposition de 1889, entre les deux millions de billets émis en deux séries de un million de billets chacune, sera commencé le lundi 27 janvier 1890, dans la salle des tirages de la ville de Paris, au Palais de l'Industrie (porte n° V), à dix heures du matin.

Ce tirage sera continué pendant les jours suivants jusqu'à son achèvement, à partir de la même heure.

Le tirage aura lieu en public.

Art. 2. — Le tirage sera fait au moyen :

1° De boîtes à casiers et de machines servant au classement, puis au roulage en tubes des numéros destinés à être mis dans la roue de tirage ;

2° D'une roue de tirage à parois verticales transparentes et munie de deux serrures de sûreté.

Art. 3. — La première opération du tirage comprendra :

1° Le roulage en tubes et la mise en roue, automatiquement, sous les yeux du public, de cent mille groupes, chacun de dix numéros consécutifs (1 à 10, 11 à 20, 21 à 30, ... 999,981 à 999,990, 999,991 à 1,000,000) ;

2° Le tirage et l'ouverture, sous les yeux du public, de cinq cents tubes donnant les cinq mille numéros de billets qui devront être tirés ; étant entendu que c'est suivant l'ordre de sortie de la roue de ces numéros que seront attribués successivement les cinq mille lots appelés d'après leurs chiffres d'inscription au catalogue. Les numéros fournis par les cinq cents groupes seront classés avant leur roulage en tubes, suivant leur ordre numérique ; dans chaque groupe de dix les numéros seront affectés alternativement à la 1re et à la 2e série des billets émis, en prenant soin de donner au premier numéro de chaque groupe l'affectation de la série autre que celle à laquelle aura été affecté le premier numéro du groupe précédent.

La deuxième opération du tirage comprendra :

1° Le roulage en tubes et la mise en roue, automatiquement, sous les yeux du public,

des cinq mille numéros fournis par le tirage des cinq cents groupes de dix numéros. Chacun de ces numéros sera accompagné de l'indication de la série à laquelle il aura été affecté, comme il vient d'être indiqué ci-dessus ;

2° Le tirage et l'ouverture sous les yeux du public des cinq mille numéros mis en roue.

Si ce dernier tirage n'est pas achevé dans une seule journée, les scellés seront mis sur la roue et celle-ci sera gardée par deux agents pendant la nuit. Ces scellés seront vérifiés et enlevés par le président du bureau du tirage au commencement de la séance suivante, sous les yeux du public.

Art. 4. — Les opérations du tirage seront dirigées et surveillées par un bureau composé de :

Deux membres de la commission de contrôle et de finance.

Deux membres de la commission supérieure de la tombola.

Un représentant du commissariat général.

Un représentant de la direction générale de l'exploitation.

Un représentant de la direction générale des finances.

Un délégué du ministère des finances.

Un délégué de la préfecture de police.

Un délégué du syndicat de la presse parisienne.

Un délégué du syndicat de la presse départementale.

Un délégué du syndicat de la presse étrangère.

Chaque membre de ce bureau deviendra président à tour de rôle pendant une heure.

Le président appellera à haute voix le numéro tiré, qui lui sera remis à la sortie de la roue.

Quatre secrétaires désignés par le directeur général de l'exploitation inscriront en face de chaque lot, sur des listes préparées à l'avance, le numéro gagnant et la série à laquelle ce numéro appartient.

Un procès-verbal sera dressé à la fin de chaque séance. Ce procès-verbal sera signé par le président de la dernière heure du tirage, deux autres membres du bureau, le délégué du ministère des finances et le délégué de la préfecture de police.

Art. 5. — Les listes officielles des tirages seront insérées au *Journal officiel*, d'après les procès-verbaux des séances de ces tirages, conformément à l'article 11 du règlement de la tombola joint au décret du 24 mai 1889.

Des listes des numéros gagnants pourront être mises en vente par les soins de l'administration du *Journal officiel*.

Art. 6. — La remise des lots aux porteurs de billets gagnants sera faite dans les locaux

affectés au magasinage des lots, à partir du dixième jour qui suivra celui pendant lequel le tirage aura été achevé.

Ces locaux sont les suivants :

OEuvres d'art (tableaux, statues et gravures) : ancien dépôt des marbres, n° 182, rue de l'Université.

Objets divers : palais du Trocadéro, pavillon central, côté Paris (place du Trocadéro).

Les bureaux seront ouverts chaque jour non férié, de neuf heures du matin à midi, et de une heure à quatre heures de l'après-midi.

Art. 7. — Avant d'aller retirer leurs lots les porteurs des billets gagnants devront se présenter, 16, avenue de La Bourdonnais (direction générale de l'exploitation), chaque jour non férié, de neuf heures du matin à midi et de une heure à quatre heures de l'après-midi, au fonctionnaire chargé du contrôle qui, après avoir rapproché les billets de leurs souches, les annexera au procès-verbal de tirage et délivrera à chaque ayant droit un bon de livraison sur la garde du magasin où se trouvera le lot gagné.

Art. 8. — Les billets gagnants seront présentés au contrôle à partir du lundi 10 février 1890, savoir :

Les billets gagnants de la 1re et de la 2e série, numérotés de 1 à 200,000, les 10, 11 et 12 février 1890.

Les billets gagnants de la 1re et de la 2e série, numérotés de 200,001 à 400,000, les 13, 14 et 15 février 1890.

Les billets gagnants de la 1re et de la 2e série, numérotés de 400,001 à 600,000, les 17, 18 et 19 février 1890.

Les billets gagnants de la 1re et de la 2e série, numérotés de 600,001 à 800,000, les 20, 21 et 22 février 1890.

Les billets gagnants de la 1re et de la 2e série, numérotés de 800,001 à 1,000,000 les 24, 25 et 26 février 1890.

Les billets gagnants qui n'auront pas été présentés au contrôle aux dates ci-dessus ne pourront plus être représentés qu'à partir du vendredi 28 février 1890.

Les lots qui n'auront pas été réclamés avant le 15 mai 1890 seront vendus par les soins de l'administration des domaines et le produit de cette vente sera versé au Trésor, conformément à l'article 12 du règlement joint au décret du 24 mai 1889.

Art. 9. — Le directeur général de l'exploitation est chargé de l'exécution du présent arrêté, dont ampliation sera remise :

Au directeur général de la comptabilité publique ;

Au directeur général de l'exploitation ;

Au directeur général des finances.

Fait à Paris, le 17 janvier 1890.

TIRARD.

(*1er supplément* au JOURNAL OFFICIEL du 5 février 1889).

TIRAGE DES LOTS

NUMÉROS des lots.	DÉSIGNATION DES LOTS	SÉRIES	BILLETS	NUMÉROS des lots.	DÉSIGNATION DES LOTS	SÉRIES	BILLETS
1	Un peigne diadème brillants. Un collier brillants et roses. Un collier brillants, stylo ottoman. Une paire de boutons d'oreilles deux brillants. Une grande branche joaillerie jasmin et roses de haies. Trois anneaux d'épaule en brillants. Un croissant rivière brillants, monture platine et roses. Un bracelet bande brillants. Un pendant de cou en brillants. Une bague or, jonc trois brillants.	2	693.843	40	Un tableau de Sain (Edouard), *Pensierosa*.	2	411.645
2	Une broche fleurs or et brillants, clématites.	2	985.051	41	Un tableau de Sain (Edouard), *la Bénédiction paternelle avant le Mariage*.	2	368.833
3	Une statuette ivoire, de Moreau-Vauthier, *la Peinture*.	2	805.157	42	Une statue bronze de Le Roy, *Rêverie*.	2	479.991
4	Une statue marbre de Fagel, *Abel*.	1	956.937	43	Un bracelet corps croisé milieu torse rubis et brillants.	2	269.933
5	Un billard, table nouveau système, Louis XVI.	1	524.862	44	Un service à thé en argent.	1	56.630
6	Un tableau de Guillemet, *la Chapelle des marins*.	2	504.266	45	Un tableau de Français, *les Premières Feuilles*.	1	151.638
7	Une voiture dite vis-à-vis.		957.060	46	Un tableau émail, cadre bronze.	2	487.409
8	Un dessus de lit brodé sur mousseline.	1	943.863	47	Un tableau de Pille, *Corps de garde*.	2	270.575
9	Un groupe bronze, *l'Immortalité*.	1	515.128	48	Un service à thé genre japonais en argent.	1	518.843
10	Un trépied avec lampe.	1	398.583	49	Un tableau de Georges Pauli, *Communiante*.	1	41.555
11	Un tableau de Moutte, *la Partie de boules*.	1	374.514	50	Une statue en marbre de Mullins, *Souvenir*.	2	755.453
12	Une statue marbre de Daillion, *Joueuse de mandoline*.	2	681.022	51	Un tableau de Jules Laurens, *Souvenirs d'Anatolie*.	1	989.266
13	Un grand service à thé, 6 pièces, argent.	2	507.813	52	Un tableau de Dieudonné, *Consacrée à Vénus*.	2	500.805
14	Un couvre-lit dentelle.	1	571.632	53	Un tableau de Monginot, *Une plumeuse*.	2	258.189
15	Un tableau de Harpignies, *Saules et Aulnes*.		710.462	54	Un tableau de Gosselin, *le Grand Berneval*.	1	109.627
16	Un miroir d'orfèvrerie sur fond velours.	1	918.513	55	Un tableau de G. Busson, *Lunch après la chasse*.	2	860.893
17	Une statuette bronze de Dubois, *Tricoteuse*.	2	826.147	56	Un tableau de Hansen, *la Grande Galerie du château de Stockholm*.	2	901.270
18	Un médaillon argent repoussé, ciselé et damasquiné or.	2	634.972	57	Un tableau de Breton, *Soleil couchant en mer*.	2	653.105
19	Un tableau de Japy, *le Vallon de Thulay*.	1	525.897	58	Un tableau de Edelfelt, *Au piano*.	2	220.350
20	Un tableau de Boutigny, *le Lendemain de Champigny*.	1	566.902	59	Un tableau de Guillemet, *Paris vu de Meudon*.	1	789.662
21	Une statue marbre de Robert (Eug.), *Braccio de Montone*.	1	109.621	60	Un tableau de Nozal, *Etang de l'Illette à Montfontaine*.	2	260.690
22	Un tableau de Pelouze, *Charbonniers aux bords du Doubs*.	2	966.287	61	Un tableau de Melida, *Premières feuilles d'automne*.	2	341.466
23	Une table Louis XVI, acajou et or, dessus marbre.	1	509.818	62	Un tableau de Veyrassat, *Relai de chevaux de halage*.	1	481.150
24	Une broche trèfle 4 feuilles brillants et roses.	2	760.792	63	Un pot à eau et une cuvette genre Louis XV, en vermeil.	2	425.394
25	Un tableau de Busson (Charles), *Place de Loverdin*.	1	982.518	64	Un service à thé argent, cinq pièces.	1	273.384
26	Un tableau de You, *les Roseaux de Saint-Aulde*.	1	415.562	65	Une broche ronde, saphir étoilé, entourage brillants.	1	216.019
27	Un tableau de Barrias (Félix), *la Fée aux perles*.	1	521.075	66	Un grand vase, 1m15, anses dauphins, paysage.	2	996.483
28	Un tableau de Rivey, *Un Buveur*.	2	504.547	67	Un tableau de Flick, *la Porte Maillot par un temps de neige*.	2	985.053
29	Un tableau de Gand, *Aux Champs*.	1	810.315	68	Un tableau de Barau, *Fin de septembre*.	1	112.194
30	Un tableau de Japy, *Retour du troupeau, Crépuscule*.	2	575.673	69	Un tableau (crayon noir) de Bida, *les Vierges sages*.	1	481.093
31	Un groupe bronze, *Jeunesse d'Aristote*.	2	43.081	70	Un tableau de Baillet, *Matinée d'avril à Segré*.	2	573.051
32	Un tableau de Landelle, *la Chaste Suzanne au bain*.	2	911.417	71	Un tableau de Paul Peraire, *le Château Gaillard aux Andelys*.	1	309.980
33	Un groupe bronze de Dagonet, *Chevrette prise au collet et ses Petits*.	2	108.551	72	Une statuette bronze argenté, ailes et draperie émail, de Marioton, *Refrain de printemps*.	1	953.270
34	Un tableau de Pranischnikoff, *Chevaux cosaques*.	1	888.919	73	Un tableau de Kuehl, *Tête-à-tête*.	2	844.781
35	Un tableau de Montenard, *Embarquement de troupes à bord d'un transport de guerre en rade de Toulon*.	2	358.464	74	Un tableau de Tivoli, *Bougival*.	1	335.035
36	Une coupe en argent repoussé et ciselé.	1	258.182	75	Un tableau de Delobbe, *les Premières avances*.	1	84.109
37	Une statue de Jacquot, *Prière aux champs*, marbre.	1	155.093	76	Un tableau de Boutet de Monvel, *Enfants au bord de la mer*.	2	459.859
38	Un tableau de Paris, *Combat de taureaux*.	1	75.508	77	Un tableau de Guay, *Cosette*.	2	846.125
39	Un tableau de Victor Leroux, *le Vésuve vu du Pausilippe*.	2	755.459	78	Un tableau de Gilbert, *Une jardinière*, pastel.	2	2.532
				79	Un tableau de Barillot, *Matinée d'automne*.	1	721.774
				80	Un tableau de Dardoize, *la Brèche au diable*.	1	43.257
				81	Un bas-relief en marbre de Peter, *l'Age heureux*.	1	624.490
				82	Un tableau de Beauvais, *A travers la lande*.	1	263.261
				83	Un tableau de Reinhard, *la Marée montante*.	2	49.189
				84	Un tableau de Bisbing, *la Sieste sur la plage*.	1	134.002

NUMÉROS des lots.	DÉSIGNATION DES LOTS	NUMÉROS GAGNANTS	
		SÉRIES	BILLETS
85	Un tableau de Boggio, *Lecture.*	1	70.715
86	Une aquarelle de Vibert, *Cardinal lisant.*	1	381.859
87	Une statuette sardoine de Vaudet, *Je le tiens.*	1	467.855
88	Un tapis persan artistique.	2	575.675
89	Un tableau de Baud-Bovy, *Lioba.*	2	655.359
90	Un tableau de Gagliardini, *la Grande Rue à Circourt (Vosges).*	1	196.506
91	Un tableau de Golz, *Boccacio.*	1	992.664
92	Un vase de Sèvres, fond blanc. — Don de M. le président du conseil.	1	857.774
93	Une broche saphirs, brillants, fleurs de lys.	2	513.800
94	Un sujet bronze, *Douleur d'Orphée.*	1	996.490
95	Un miroir Louis XVI avec émaux.	2	941.599
96	Un cabaret Louis XV argent, 16 pièces.	1	397.036
97	Un piano droit.	2	16.616
98	Une paire de boutons de manchettes or.	1	233.024
99	Une crédence Renaissance.	1	964.692
100	Un éventail plumes d'autruche, écaille blonde, applique joaillerie.	1	269.936
101	Un tableau de Vauthier, *Crue de la Seine.*	2	689.644
102	Un tableau de Joubert, *Vallée des Ardoisières.*	2	742.587
103	Un tableau de Georges Jeannin, *Une Jardinière.*	2	941.595
104	Un tableau de Sartori, *Sur les Zaterre.*	2	187.930
105	Un tableau de Gignous, *Lac Majeur.*	2	900.959
106	Un tableau de Tholer, *Prunes.*	2	275.754
107	Une statuette bronze de Martin, *Enfance de Bacchus.*	1	187.842
108	Une aquarelle de Gilbert, *Quai aux Fleurs.*	1	495.589
109	Un pastel de Thaulow, *Marais.*	2	481.143
110	Une pendule Louis XVI et deux candélabres.	2	483.792
111	Un tableau de Rozier, *Sous la Tonnelle.*	1	530.688
112	Un tableau de Robinet, *le Pont aux Mousses.*	2	150.194
113	Un tableau de Dumas, *le Vieux portique.*	1	233.026
114	Un tableau de Petitjean, *le Kattendyck.*	2	235.440
115	Un tableau de Lapostolet, *La Rochelle.*	1	235.435
116	Un tableau de Jourdeuil, *le Vieux Vitré.*	2	948.862
117	Un tableau (pastel) de Iwill, *le Matin à Dordrecht.*	1	451.485
118	Un tableau de Flubert, *le Satyre et le Passant.*	1	334.770
119	Une table ronde bois noir, trois pieds ouvragés.	1	985.052
120	Un tableau de Feyen, *le Curage d'un parc aux huîtres.*		953.122
121	Un tableau de Desbrosses, *la Roche Berenger.*	2	406.049
122	Un tableau de Therkildsen, *la Halte.*	2	884.184
123	Un bronze à cire perdue, *Tête d'étude.*	2	532.904
124	Un tableau de Mme Lavielle, *le Repos de la Terre, premières neiges à Courpalay (Seine-et-Marne).*	2	509.811
125	Un tableau de Quost, *Fleurs paysannes.*	1	627.593
126	Une aquarelle de Loustaunau, *le Départ.*	2	570.396
127	Un tableau de Raynaud, *Femme de San Remo.*	1	468.584
128	Un tableau de Dameron, *la Nuée qui monte.*	1	301.489
129	Un tableau de Marius Roy, *Dans le Manège avant le duel.*	2	709.585
130	Un tableau de Caraud, *le Déjeuner.*	2	310.316
131	Une statuette de Tassel, *Aurore.*	1	915.744
132	Un pastel de Hartley, *la Fin du jour.*	2	943.866
133	Un tableau de Steer, *les Moulins à paroles.*	1	229.565
134	Un coffre-fort forme buffet.	2	485.585
135	Un coffret à bijoux damasquiné or.	2	316.973
136	Une statuette marbre de Zabello, *Baigneuse.*	1	481.095
137	Un tableau de Endogouroff, *le Soir.*	1	474.732
138	Un tableau de Mme Ayrton de Los Rios, *Retour de Chasse.*	1	983.002
139	Un tableau de Joubert, *Bords de la Seine à Pont-de-l'Arche.*	1	207.039
140	Une statuette japonaise, service à thé.	2	423.063
141	Un service à café, quatre tasses porcelaine.	2	374.220
142	Une statue bronze.	2	519.665
143	Une corbeille Louis XVI argent ciselé.	1	524.868
144	Un bracelet trèfle or mat enrichi de brillants.	1	640.616
145	Un piano droit.	2	388.248
146	Un tableau de Lecomte, *Vue de Delft.*	2	819.416
147	Un tableau de Carcano, *Coucher de Soleil.*	2	573.059
148	Un tableau de Pittara, *En villégiature.*	2	716.234
149	Un tableau de Mlle Ketty Killand, *Après la pluie.*	2	768.682
150	Une paire de lampes.	1	655.360
151	Un buffet style Louis XIII.	1	972.609
152	Une colonne en marbre brèche de Numidie avec ornements bronze doré.	2	705.339
153	Un tableau de Isembart, *Prairie à Montferrand.*	2	108.555
154	Un tableau de Bourgain, *A bord de l'Austerlitz.*		400.758
155	Un tableau de Beroud, *Salle des Etats généraux au Musée du Louvre.*	2	56.621
156	Un tableau de Niss, *la Baie des Horreurs.*	1	629.918
157	Une statue bronze, *Mercure,* de Delorme.	2	216.012
158	Un tableau de Bouchor, *le Printemps au val Freneuse.*	2	683.558
159	Un tableau de Méry, *les Œufs à surprises.*	2	867.113
160	Un tableau de Bruno Liljefors, *la Chasse au canard.*	1	253.259
161	Un cadre glace Renaissance sur chevalet, en fer repoussé.	1	846.124
162	Un paravent doré quatre feuilles glaces peintes (quatre Parties du Monde).	1	706.796
163	Une écuelle Louis XV ciselée et son plat, argent.	2	150.026
164	Un piano droit.	2	867.115
165	Un tableau pastel de Wallander, *Intérieur de cabaret.*	2	9.516
166	Un tableau de Sain (Paul), *lou Camin de la Cornicha.*	1	147.514
167	Un tableau de Gaudefroy, *la Cueillette du Paqueret.*	1	507.035
168	Un coffre-fort noyer sculpté.	2	957.628
169	Un coffre-fort bahut style Louis XV.	1	882.985
170	Un harmonium n° 8, six jeux, vingt et un registres, clavier transpositeur.	2	923.096
171	Une caisse meuble tout en fer.	2	486.588
172	Une vitrine de salon en noyer style Louis XV.	1	91.029
173	Une corbeille layette. — Don de MM. Plassard, Morin et Cie.	2	900.705
174	Un piano droit.	1	159.[illegible]
175	Une fontaine, Trois Saisons, bronze avec statue.	2	831.217
176	Une jardinière, *Fellah.*	1	519.664
177	Un éventail point à l'aiguille (oiseaux).	1	627.698
178	Une suspension douze lumières.	2	558.310
179	Un coffre-fort meuble.	1	597.686
180	Une table liseuse Louis XV.	2	481.147
181	Un mouchoir dentelle.	1	482.484
182	Un bracelet or et brillants.	1	619.350
183	Un bronze, cavalier tartare.	1	650.486
184	Un coffret acier incrusté or et argent.	1	573.058
185	Une jardinière carrée, oiseaux en relief.	2	887.915
186	Une branche, brillants, roses et or.	1	600.363
187	Une statuette, *l'Opéra.*	1	29.746
188	Une table vitrine Louis XVI, acajou bronze.	2	646.068

NUMÉROS des lots	DÉSIGNATION DES LOTS	SÉRIES	BILLETS
189	Un groupe bronze, *Orphée et Eurydice*.	1	959.799
190	Un bronze, *Salambo*.	2	459.880
191	Une cafetière Régence en argent.	2	744.174
192	Un tableau de Mme Blau, *Rotteimbourg an der Tauler*.	2	406.041
193	Une vitrine, vernis Martin.	1	985.058
194	Un bureau.	1	610.816
195	Un tableau de Borchard, *Serré de près*.	1	167.408
196	Un tableau de Lhermitte, *la Halle de Dives*.	2	61.472
197	Une aquarelle de Adam, *le Crieur de journaux*.	1	530.682
198	Un éventail dentelle.	1	983.475
199	Un tableau de Gross, *Vue de la Moselle*.	2	420.424
200	Une aquarelle de Hoschedé, *la Distribution des récompenses*.	2	486.532
201	Un tableau de F. Brest, *Débarcadère à Scutari sur le Bosphore*.	2	119.475
202	Un fichu dentelle point de Malines.	2	140.597
203	Une nappe et une douzaine de serviettes.	1	657.650
204	Un éventail en plumes, écaille blonde.	1	179.852
205	Un tableau de Olaria, *Fleurs*. — Don de M. Olaria.	2	235.436
206	Un tableau de Garaude, *Bords de la Sarthe*.	2	765.305
207	Un tableau de E. Claude, *Botte d'asperges*.	2	168.376
208	Un tableau de Ar. Dumarescq, *Charge de Dragons*.	1	315.985
209	Un service à café en argent, quatre pièces.	1	796.777
210	Un groupe biscuit de Sèvres, *le Couronnement de la Rosière*. — Don de M. le Président de la République.	1	366.449
211	Un groupe biscuit de Sèvres, *la Fête des bonnes gens*. — Don de M. le Président de la République.	2	705.333
212	Une garniture avec candélabres et buste marbre.	2	501.410
213	Un coffre-fort chiffonnière.	1	801.379
214	Une pendule bronze doré.	1	636.439
215	Une pendule Louis XV, *Temple des Amours*.	2	637.256
216	Un fusil n° 6714, cal. 12.	2	900.840
217	Un cabinet Henri II.	2	270.516
218	Une crédence noyer sculpté.	2	722.744
219	Une statue, *Vierge de Bruges*.	1	669.317
220	Un groupe bronze, *la Défense nationale*.	2	1.665
221	Un grand cache-pot, faïence.	2	366.444
222	Une bonbonnière Louis XV, en or.	1	572.325
223	Une pendule et candélabres.	2	49.181
224	Un piano droit.	2	207.038
225	Un grand vase avec figurines.	2	826.145
226	Un potiche Sèvres. — Don de M. le ministre de l'instruction publique.	1	795.543
227	Un potiche Sèvres. — Don de M. le ministre de l'instruction publique.	1	434.482
228	Une broche couronne perles et roses.	2	669.318
229	Une trousse de voyage.	1	771.978
230	Une garniture en ivoire (brosses).	1	558.301
231	Une aquarelle de Moreau, *la Prairie*.	1	561.241
232	Un fichu dentelle point à l'aiguille.	1	170.707
233	Une statuette bronze, *la Favorite au miroir*.	1	515.124
234	Un coffre-fort.	2	268.270
235	Un bracelet en or.	2	282.131
236	Un coffret gothique.	2	690.917
237	Une tente avec table.	2	156.606
238	Une pendule Louis XVI.	1	68.754
239	Un service à thé en orfèvrerie, six pièces.	2	558.545
240	Un bracelet en or, saphirs et roses.	1	486.535
241	Un coffre-fort, façon meuble.	1	962.043
242	Une aquarelle de King, *Près d'Oxford*.	1	907.536
243	Une aquarelle de Hine, *Crépuscule*.	2	270.577
244	*Enlèvement*, bronze.	2	175.382
245	Un service à thé, en métal, cinq pièces.	1	507.812
246	Une bourse or mat, *Ville de Paris*.	2	401.236
247	Une statuette, *Jeanne d'Arc*.	1	319.025
248	Une statuette, *l'Improvisateur*.	1	949.599
249	Une petite pendule Louis XVI, *Marie-Antoinette*.	2	323.788
250	Un bronze, *Attelage de bœufs*.	2	159.477
251	Un groupe bronze, *Protection*.	1	715.762
252	Un miroir toilette Louis XV, argent.	1	219.862
253	Une broche camée entourée de brillants.	1	911.414
254	Un fauteuil noyer sculpté Louis XV.	2	923.094
255	Un vase cristal taillé.	1	833.540
256	Une aquarelle de Lambert, *Deux Chats et leurs petits*.	2	652.540
257	Un pastel de Maignan, *Une Liseuse*.	1	116.833
258	Une gravure à la plume encadrée.	1	88.464
259	Une gravure à la plume encadrée.	1	624.962
260	Un panneau faïence, peinture de Fuset.	2	593.304
261	Un panneau faïence peinture.	1	862.835
262	Un vase pâte tendre, décor fleurs.	1	299.438
263	Un vase pâte tendre, décor fleurs.	2	427.447
264	Un buste marbre.	2	810.071
265	Une glace Louis XV ovale.	1	30.111
266	Un service à thé, gravure amours or couleur.	2	805.151
267	Une aquarelle de Worms, *Porte de Burgos*.	2	789.770
268	Quatre aquarelles de Didier dans un cadre.	2	9.514
269	Une ombrelle dentelle.	1	270.574
270	Un fauteuil tapisserie.	1	168.375
271	Un grand vase décoré.	2	374.212
272	Un coffre-fort meuble décor.	1	334.695
273	Un bol avec soucoupe et cuiller, en argent.	1	294.231
274	Un médaillon marbre de Reymond, *le Ruth*.	1	923.988
275	Un tableau de Coëylas, *Intérieur de l'église de Saint-Etienne-du-Mont*.	1	986.176
276	Un tableau de Ravel, *le Sculpteur sur bois*.	2	401.059
277	Un fusain de Robert, *la Seine au Bas-Meudon*.	1	180.281
278	Un tableau de Fath, *le Chemin creux*.	2	703.589
279	Un jardinière marbre blanc et bronze.	1	204.235
280	Une aquarelle de Bourgoin, *Au Japon*.	1	784.639
281	Un bronze de Mlle Brodersen, *Un Veau*.	1	475.973
282	Un vase bronze.	2	960.763
283	Une pendule Louis XVI et candélabres.	1	1.664
284	Une aquarelle de Toché, *Adèle Plichon*.	1	222.077
285	Une aquarelle de Toché, *Une Mariée bretonne*.	1	671.770
286	Une coupe bronze argenté.	1	768.750
287	Un tableau de Bachkirtzeff « Portrait ».	2	483.589
288	Une statuette, *Fileuse*.	1	775.039
289	Une chambre à coucher (lit, armoire et table de nuit).	1	284.565
290	Un grand plat faïence (deux coqs).	1	249.104
291	Un vase Louis XVI, marbre du Tonkin.	1	956.935
292	Une écharpe véritable dentelle.	2	190.136
293	Un vase Louis XVI, marbre du Tonkin.	1	819.413
294	Un grand vase ciselé repoussé, or couleur.	1	624.968
295	Une statuette, *la Proie*, bronze ciré.	2	957.053
296	Une cafetière Renaissance en argent.	1	844.784
297	Un siège de salon marquise Louis XV, sculpté, en noyer.	2	168.372
298	Un meuble bureau Louis XVI, acajou.	1	962.072
299	Un pied bois de fer avec potiche bois de fer incrusté.	2	188.781
300	Une salle à manger en chêne massif (buffet, table, six chaises).	1	482.482
301	Un service de table coutellerie, huit pièces	1	70.711
302	Un bracelet platine et or et brillants.	1	223.086
303	Une torchère Renaissance.	2	892.911
304	Une statuette, *Arabe fumeur*.	2	315.990
305	Un service à thé en orfèvrerie, six pièces.	2	176.439
306	Une bague saphir et brillants.	1	270.511

NUMÉROS des lots	DÉSIGNATION DES LOTS	NUMÉROS GAGNANTS	
		SÉRIES	BILLETS
307	Un mouchoir de dentelle.	2	150.024
308	Un tableau pastel, *Une pomme et une poire*.	1	485.582
309	Un panneau Louis XIV. — Don de M. Saurel.	2	507.906
310	Un gamin (terre cuite). — Don de M. Hertzberg (Norvège).	1	31.729
311	Une aquarelle de Bomberg, *Types du Maroc*.	1	9.786
312	Une portière velours de 6 mètres de hauteur. — Don de M. Le Borgne.	2	90.359
313	Une portière velours de 6 mètres de hauteur. — Don de M. Le Borgne.	2	845.470
314	Une statuette bronze de Toppier, *le Réveil*.	2	170.706
315	Un panneau décoratif en marbre mosaïque d'art.	2	134.003
316	Une paire de chenets, *Enfants mendiants*.	2	665.628
317	Une broche trèfle roses et brillants.	2	446.364
318	Un tableau, *Plage normande*, de Rohmann.	2	589.936
319	Un éventail peint monté sur ivoire.	2	901.873
320	Un bronze, *Mercure et Pandore*.	1	912.475
321	Une couronne avec son bouquet en plumes d'oiseau-mouche.	2	207.371
322	Un coffre-fort à socle tout en fer.	1	931.001
323	Une statuette, *Molière*.	2	427.472
324	Un camée, *la Fortune et l'Enfant*.	1	641.551
325	Une aquarelle, *l'Entrée des bureaux interdite aux chiens*, de Claude Max.	1	155.618
326	Un cadre en fer sculpté repoussé et damasquiné.	2	594.746
327	Un camée, *Psyché*.	2	833.247
328	Un tableau, *Rêverie*, de M. Ancilotti.	1	155.620
329	Une écharpe mante garnie.	2	433.850
330	Deux écrans.	2	196.528
331	Un couvre-pied guipure.	2	542.916
332	Un groupe, *les Premiers imprimeurs*.	1	11.961
333	Une paire de candélabres Louis XV.	1	121.325
334	Un billard.	1	982.843
335	Une grande jardinière Louis XV.	1	768.683
336	Une jardinière Louis XV, ciselée, très riche.	2	627.600
337	Une carafe Renaissance cristal.	2	11.966
338	Une banquette tapisserie.	1	739.577
339	Un dessin encadré pour châle.—Don de Mme A. Berrus.	1	941.596
340	Un fauteuil Louis XIV, tapisserie à la main, monture noyer.	2	728.193
341	Un tableau de Brissot de Varville, *la Lande*.	1	378.657
342	Un tableau de Bourgonnier, *le Ferronnier*.	1	501.194
343	Un tableau de Bocion, *les Bords du Leuron*.	2	170 159
344	Un tableau de Girardet, *la Première pipe*.	2	564.415
345	Un tableau de Eug. Clary, *la Seine aux Andelys*.	1	129.673
346	Un cadre Louis XV en argent pour photographie.	1	796.775
347	Un tableau pastel de Cagniart, *l'Automne en Périgord*.	1	872.330
348	Un tableau de Mlle de Heim, *le Plat de Palissy*.	1	513.799
349	Un encrier Louis XV, bronze doré.	2	434.461
350	Un tableau de Mlle Braunerova, *Environs de Fontainebleau*.	1	860.900
351	Un tableau fusain de Allongé, *En forêt*.	2	415.569
352	Un bracelet or, perle entre deux brillants.	2	706.596
353	Une table Louis XVI.	1	233.028
354	Un tapis ours.	1	96.765
355	Un groupe, *Dépit amoureux*.	1	801.986
356	Un bronze, *David vainqueur*.	2	657.649
357	Un fauteuil Renaissance, noyer.	1	177.111
358	Une pendule lyre, pied marbre blanc.	1	690.918

NUMÉROS des lots	DÉSIGNATION DES LOTS	NUMÉROS GAGNANTS	
		SÉRIES	BILLETS
359	Une collection du *Magasin d'éducation*, quarante-huit volumes.	1	85.653
360	Un tableau aquarelle de Uytterschaut (paysage).	1	411.644
361	Un guéridon à quatre pieds en bois de citronnier.	2	108.557
362	Un encrier argent, décor japonais.	1	339.068
363	Un service à glace et service à poisson (écrin).	1	150.025
364	Un bracelet or.	1	29.261
365	Une pendule Louis XV.	1	768.742
366	Un modèle de frégate à voiles.	2	75.509
367	Un vase Louis XIII.	1	542.919
368	Un vase Renaissance.	2	982.842
369	Un coffre-fort.	1	985.056
370	Une buire et son plateau en étain.	1	207.374
371	Une bourse or.	1	525.891
372	Un service en bronze aluminium, quatre pièces	2	537.469
373	Un écran Louis XVI.	1	331.550
374	Une fontaine à thé Louis XV.	2	627.697
375	Une broche en or ciselé, ornée de roses et rubis.	2	895.368
376	Un grand plat porcelaine.	2	575.677
377	Un guéridon satiné, bronze.	2	857.773
378	Une carafe cristal gravé, garniture argent.	1	646.067
379	Un canon 30 millimètres.	1	892.912
380	Une grande écharpe Chantilly.	2	796.780
381	Une pendule colonnette marbre du Tonkin.	1	989.583
382	Un éventail point de Bruxelles dix-septième siècle.	2	918.518
383	Un fauteuil Louis XIII en noyer ciré.	2	168.378
384	Une pendule Louis XVI, *trois enfants coureurs*.	1	636.484
385	Une statue équestre, *Jeanne d'Arc*.	2	739.574
386	Un service de table porcelaine, 118 pièces.	2	355.342
387	*Le Tour du monde* de Charton, vingt-huit volumes.	1	190.137
388	Une parure complète, bracelet, broche, bague, et une pièce à ornements.	1	434.468
389	Une statue bronze, *Triumphator*.	1	504.258
390	Un tableau aquarelle de Bethune, *Vue de Barcelone*.	2	177.120
391	Une toilette palissandre, frise cuvette n° 66.	1	558.548
392	Un tableau pastel de Nozal, *Moisson à Etretat*.	2	981.626
393	Une sculpture terre cuite, *Coq mort*.	1	716.237
394	Un tableau aquarelle de Pujol, *Salon de Diane, palais de Versailles*.	2	293.481
395	Un panneau, vase de fleurs et perroquet.	1	960.768
396	Une paire de bras Louis XVI, deux lumières.	2	629.913
397	Une boîte à musique.	2	451.893
398	Une salière Renaissance.	2	962.071
399	Une salière Renaissance.	2	276.512
400	Un lustre fer et porcelaine.	1	693.643
401	Une coupe de 2 mètres crêpe de Chine pour robe.	2	524.367
402	Un coffre-fort.	1	319.021
403	Un fusil de chasse.	2	958.360
404	Un tableau aquarelle de Morand, *les Deux Pigeons*.	1	629.920
405	Un tableau aquarelle de Marie Adrien, *Etudes d'enfants*.	2	459.857
406	Un tableau aquarelle de G. Claude, *le Grand Canal, à Venise*.	1	936.174
407	Une table Henri II.	1	479.992
408	Une bonbonnière argent.	2	989.265
409	Un carnet-applique joaillerie.	1	665.622
410	Une broche or, brillants et roses.	1	519.662
411	Un fusil.	2	134.009
412	Un vase, *Fileuse*.	1	333.246
413	Un tableau de Van Essen, *Dans les dunes*.	2	895.364

NUMÉROS des lots.	DÉSIGNATION DES LOTS	SÉRIES	BILLETS
414	Un meuble en chêne sculpté.	1	565.457
415	Un écran tapisserie.	1	507.909
416	Un tableau aquarelle de Jeanniot, *Place de la Concorde*, effet de neige.	2	964.699
417	Un petit cabinet en noyer ciré, teinté.	2	481.096
418	Un tableau faïence.	1	635.732
419	Une console bois sculpté.	1	150.023
420	Une statuette, *Angelus*.	2	558.541
421	Un tableau aquarelle de Duez, *Port de Toulon*.	2	43.260
422	Un tableau émail, *la Musique*.	2	558.547
423	Une table Renaissance.	2	325.461
424	Une table de salon Louis XV.	2	85.060
425	Un écran Louis XV.	1	97.238
426	Un buste *Othello*.	2	923.261
427	Une suspension (dix bougies).	2	957.607
428	Une coupe étoffe pékin, bordure mastic et or.	2	247.548
429	Un collier or.	2	2.729
430	Une lampe torchère argentée.	2	550.246
431	Un panneau métal, *les Escoliers*.	1	12.698
432	Un panneau métal, *les Ribauds*.	2	454.156
433	Une bicyclette.	1	881.301
434	Un service à glace façonné bambou, quatorze pièces.	1	551.128
435	Une coupe étoffe damas broché bleu.	2	475.974
436	Un tableau aquarelle de Uytterschaut, *paysage*.	2	729.418
437	Un tableau aquarelle de Uytterschaut, *paysage*.	1	192.554
438	Un tableau aquarelle de Uytterschaut, *paysage*.	2	442.260
439	Une coupe de 15 mètres de grand broché riche.	2	729.420
440	Une pendule de voyage cannelée.	2	273.381
441	Un tricycle.	2	995.644
442	Un bronze, *Relais de chiens*.	1	894.686
443	Une table Louis XVI marqueterie bronze	1	175.387
444	Service à thé en métal, douze pièces.	2	305.175
445	Une statuette, *les Cerises*.	2	151.681
446	Une coupe étoffe damas broché.	2	909.832
447	Un vase argent.	1	71.884
448	Un bracelet raisin, une broche, une paire dormeuses.	2	709.583
449	Un livre de prières avec reliure spéciale.	2	347.489
450	Un fusil deux coups, calibre 12, Greesner.	1	293.488
451	Un fusil n° 16, système Darme.	1	381.857
452	Un tapis édredon.	2	155.100
453	Une machine à pelotonner le coton.	1	187.927
454	Un lit d'enfant nickel, style Henri II.	2	521.078
455	Un écran.	1	192.556
456	Un broc à bière cristal gravé, monture argent.	2	956.936
457	*Paris à travers les âges*, deux volumes.	1	819.411
458	Un buste négresse porte-fleurs.	1	188.784
459	Une montre en or.	1	314.954
460	Une table ronde Bolny.	2	400.754
461	Un service à thé en porcelaine, six tasses, trois pièces, plateau éventail en gaine.	2	147.511
462	Un groupe bronze, *Tabarin*.	2	931.998
463	Un miroir Venise.	1	445.572
464	Une colonne gaine faisceaux.	2	637.260
465	Un coussin brodé.	1	535.003
466	Une malle.	2	556.111
467	Un portefeuille.	1	374.516
468	Un tapis sur satin.	2	361.010
469	Une pendule régulateur.	2	427.443
470	Une écuelle Louis XV, ciselée, dorée.	2	91.080
471	Une statuette bronze, *l'Oiseleur*.	1	29.265
472	Un miroir Louis XVI.	2	801.376
473	Une jardinière.	1	474.093
474	Un box, table noyer, filets cuivre.	2	805.833
475	Une table Louis XV en marqueterie.	1	835.039
476	Une coupe de 10m60 velours.	2	558.308
477	Un service de fumeur.	1	270.519
478	Un éventail illustré, monture écaille blonde.	2	532.902
479	Un éventail point à l'aiguille.	2	840.370
480	Une lampe de mosquée.	1	844.786
481	Un cartel forme lyre.	1	932.047
482	Un corsage brodé or.	1	796.244
483	Une coupe de 10m60, velours ciselé.	2	190.140
484	Un lustre veilleuse.	2	478.048
485	Un groupe bronze, *Enfants au cygne*.	2	517.720
486	Un groupe bronze, *Enfants au cygne*.	2	321.997
487	Deux douzaines couteaux à dessert en un écrin.	2	517.135
488	Une coupe étoffe de 19 mètres, pékin brodé.	2	994.082
489	Un tableau aquarelle de Yon. — Don de M. Éd. Yon.	1	729.419
490	Une jardinière mouchetée.	1	624.966
491	Un plat guéridon porte-cartes.	2	657.254
492	Un onglier 9 cent., manche nacre, composé de quatorze pièces.	1	358.461
493	Un étui en galuchat contenant deux couteaux de style Régence.	1	41.557
494	Un bas-relief ivoire, *le Printemps*.	1	755.452
495	Une statuette, *Grande sœur*.	1	129.675
496	Une table à ouvrage bronze.	2	104.904
497	Une broche émail, peinture roses.	1	252.560
498	Une barbe de dentelle Valenciennes.	1	296.517
499	Un tableau de Pierre Ekström, *Soleil brumeux*.	1	705.545
500	Une amphore égyptienne.	2	721.779
501	Un bouquet. — Don de M. Potay.	2	507.689
502	Un bracelet houblon.	2	253.254
503	Un vase arabe.	1	895.749
504	Un vase arabe.	1	585.884
505	Un lustre bambou.	2	79.901
506	Un tabouret coquille.	1	728.198
507	Un fauteuil en palissandre.	2	68.082
508	Un vase avec pied.	1	715.766
509	Un cabinet bois naturel.	1	639.206
510	Une petite crédence noyer, style Renaissance.	1	275.753
511	Un fusil à percussion centrale.	1	722.741
512	Une coupe étoffe de 15 mètres lampas.	2	957.693
513	Un buste en marbre, *Coquette*.	2	221.621
514	Un tableau, peinture de A. Brun, *le Mousse*.	1	270.513
515	Une pierre fine sardoine, tête de femme du seizième siècle.	1	831.699
516	Une suspension, 45 c. à 9 bougies.	2	562.729
517	Un tableau aquarelle de Jourdain, *Vue du Pavillon du Portugal*.	2	315.986
518	Un paravent, 3 feuilles.	2	983.478
519	*Les Loges de Raphaël*, collection de 52 planches in-folio.	2	432.021
520	Un plat faïence décorée.	2	683.560
521	Une corne argent doré.	2	195.994
522	Un fusil.	1	887.912
523	Un nécessaire ébène.	1	489.147
524	Un bassin, émaux et sujets.	1	427.442
525	Une statuette, *Retour des Champs*.	1	624.495
526	Une lunette astronomique.	2	501.197
527	Une grande lampe mosquée.	1	155.091
528	Un tableau de Signorini, *Vent du Midi*.	1	705.332
529	Une écharpe blonde.	1	893.713
530	Un mouchoir valenciennes.	2	805.153
531	Un mouchoir point d'Alençon.	2	308.584
532	Un cartel Louis XVI.	2	334.694
533	Une lampe mosquée émail.	2	892.472
534	Un cadre en marbre découpé.	1	905.647
535	Une robe bleue, brodée or.	1	634.977
536	Une écharpe dentelle. — Don de M. Noirot-Biais.	2	129.674
537	Un lampe sur pilier fer poli.	1	447.118
538	Un tableau de Serret, *les Enfants aux champs*.	1	43.259

NUMÉROS des lots.	DÉSIGNATION DES LOTS	NUMÉROS GAGNANTS	
		SÉRIES	BILLETS
539	Un tableau de Serret, *la Petite Fille peintre.*	2	399.069
540	Un tableau de Serret, *les Enfants au bord de la mer.*	1	234.337
541	Un vase XVIe siècle.	2	570.894
542	Une coupe étoffe pékin riche lilas crème.	2	518.848
543	Un vase XVIe siècle.	2	504.549
544	Une table d'angle à jeu de Bolny.	1	321.902
545	Une table d'antichambre en noyer.	2	347.481
546	Un bureau en palissandre.	2	530.683
547	Un vase grès décor émaux.	1	1.666
548	Un vase grès décor émaux.	1	662.842
549	Un jersey plastron brodé or. — Don de MM. Neyret et Cie.	2	725.812
550	Un jersey gris. — Don de MM. Neyret et Cie.	2	761.775
551	Un costume roumain.	1	316.980
552	Un émail, tête de femme, *Avarice.*	2	219.369
553	Un lustre Louis XV, neuf lumières.	2	85.056
554	Une boîte, vache brunie, garniture cuir intérieure.	2	669.312
555	Une croix, bois sculpté.	2	912.478
556	Une table à jeu à sujets.	1	605.220
557	Un coffret à gants plaqué émail.	1	121.823
558	Un vase en cristal taillé.	2	675.529
559	Une table étagère Louis XVI.	2	2.540
560	Une petite table Henri II.	2	29.749
561	Une paire panneaux brodés.	2	270.579
562	Un groupe bronze Vakuta, *Cavalier Peau-Rouge.*	2	546.558
563	Un guéridon.	1	624.493
564	Une table croisillon avec éventail Tonkin.	2	585.883
565	Un groupe bronze, *la Vague.*	1	378.653
566	Une coupe étoffe de 18m15 pékin broché.	2	730.349
567	Une selle équipée.	1	959.797
568	Une coupe étoffe damas ombré de noir.	2	956.934
569	Un porte-fleurs, *le Penseur,* bronze doré et statuette bronze vert.	2	445.577
570	Une chaise.	1	325.462
571	Une table Louis XVI noyer poli.	2	748.243
572	Une applique en fer forgé, trois lumières.	2	408.666
573	Une coupe étoffe de 16m15, pékin satin latté.	2	29.270
574	Une pièce jaspée, monture bronze.	2	909.010
575	Une pièce jaspée, monture bronze.	2	150.714
576	Une pièce jaspée, verre, monture bronze.	1	546.550
577	Une paire de chenets griffons Louis XIV.	2	478.046
578	Une épingle de chapeau 1/2 perles.	1	610.814
579	Une torchère Louis XVI, noyer ciré.	1	463.088
580	Une statuette, *Charmeuse.*	2	623.531
581	Une coupe étoffe de 16m60, damas.	1	255.345
582	Une coupe étoffe de 10m 85 de velours latté.	2	427.449
583	Confection noire et rose.	1	640.618
584	Une broche roses émail.	2	701.660
585	Une carafe en cristal, montée sur or et argent.	1	510.551
586	Une table Bolny de 80 × 65.	2	108.171
587	Une glace, garnie de fleurs en porcelaine.	1	321.910
588	Un tableau faïence Delft.	1	730.850
589	Un tableau faïence Delft.	2	112.195
590	Une salière Henri II.	1	79.793
591	Une statuette, *Bernard Palissy.*	1	690.920
592	Une glace Renaissance, noyer teinté.	2	838.466
593	Un vase buire.	2	43.232
594	Un vase buire.	2	468.587
595	Une pendule de voyage.	2	716.240
596	Un christ en argent de 17 centimètres, monté sur croix ébène.	1	334.762
597	Un bas-relief nacre, *Berger et Sylvain.*	2	957.695
598	Une table à jeu.	2	234.338
599	Une châtelaine en vermeil.	1	814.900
600	Une mandoline.	1	761.772
601	Un tapis persan.	1	959.640

NUMÉROS des lots.	DÉSIGNATION DES LOTS	NUMÉROS GAGNANTS	
		SÉRIES	BILLETS
602	Un gobelet argent.	2	207.373
603	Une petite armoire à bijoux.	2	519.661
604	Trois gravures dans un cadre.	1	989.268
605	Une aquarelle de Yon, *A Mortefontaine*	1	835.796
606	Une grande jardinière à anses Louis XV (vieil argent).	2	269.939
607	Un mouchoir de dentelle.	2	399.067
608	Un éventail de dentelle.	1	61.477
609	Un écran tapisserie.	1	704.259
610	Un bracelet or.	1	504.256
611	Un album chevalet.	2	517.712
612	Une table japonaise avec étagère.	2	860.891
613	Un tableau aquarelle de Courant, *Côtes de Bretagne.*	1	894.684
614	Chaise à côtés en satin et peluche.	1	91.023
615	Un aquarelle de Bengé.	2	358.468
616	Un vase en cristal.	2	334.761
617	Un écran tapisserie.	1	323.785
618	Une glace Louis XV.	1	580.754
619	Une tasse tartine porcelaine décorée, garniture argent.	2	690.911
620	Un bracelet acier et or.	2	401.055
621	Une pendule de voyage.	1	761.774
622	Un fusil anglais de W.	2	251.452
623	Un fusil.	2	229.562
624	Un couvre-lit dentelle. — Don de M. Warée.	2	397.085
625	Un petit meuble fontaine vieux noyer.	1	361.007
626	Un éventail dentelle.	2	146.502
627	Une malle métal.	2	918.514
628	Un encrier marbre, sujet bronze, *Démosthène.*	2	619.343
629	Un tableau émail, *Jeanne d'Arc.*	2	374.214
630	Un vase forme Sèvres, fond maïs.	1	507.818
631	Un tableau émail, *Vierge.*	1	284.563
632	Un vase, décor vénitien.	2	706.791
633	Une épingle à cheveux or et brillants.	2	624.496
634	Une épingle à cheveux or et brillants.	2	388.244
635	Un vase forme Sèvres fond maïs.	2	334.700
636	Un bureau-ministre chêne garni de drap bleu.	2	533.131
637	Une potiche en cristal.	1	252.556
638	Une chemise de femme, soie et dentelle.	1	768.744
639	Un devant de robe en dentelle duchesse.	1	972.601
640	Un éventail dentelle breveté.	2	192.550
641	Une potiche en cristal.	1	423.062
642	Une statue, *Pax et Labor.*	1	729.417
643	Un panier à fruits.	1	425.393
644	Une coupe étoffe de 27 mètres damas. — Don de M. Diedrich.	2	819.414
645	Un lustre veilleuse à 6 bougies Louis XVI.	2	754.180
646	Une pendule vernis Martin fond or Louis XV, avec sujet Watteau.	2	54.619
647	Une panoterie écaille. — Don de M. Brochard.	2	669.314
648	Une coupe étoffe de 15m20, façonné broché.	1	931.997
649	Une crédence, sujet guerrier.	2	270.908
650	Une bibliothèque tournante.	1	386.202
651	Un buste, *Bamboula.*	2	270.518
652	Une suspension lyre.	1	62.082
653	Un cadre orfèvrerie.	1	85.057
654	Un vase faïence bleue avec monture à tête or moulu.	2	892.480
655	Une coupe étoffe damas broché mordoré.	1	134.004
656	Une coupe d'étoffe de 16 mètres façonné.	2	356.517
657	Un fusil.	1	146.503
658	Un service à madère.	2	305.831
659	Douze couteaux de dessert nacre, en écrin.	1	93.008
660	Une coupe étoffe de 13 mètres, blanc, noir, velours ciselé.	2	750.688
661	Une statuette, *Fumeur flamand.*	1	983.473
662	Une statuette bronze, *Phœbé.*	2	339.069
663	Une coupe étoffe façonné marron.	1	561.245

NUMÉROS des lots.	DÉSIGNATION DES LOTS	NUMÉROS GAGNANTS	
		SÉRIES	BILLETS
664	Une montre en or, décor joaillerie.	1	805.158
665	Une coupe étoffe de 11^m50, pékin Maintenon.	1	548.150
666	Une coupe d'étoffe de 15^m10, pékin broché.	1	900.885
667	Un fauteuil Louis XVI, noyer doré, canné.	1	575.680
668	Une coupe étoffe en soie.	2	610.819
669	Une montre de femme.	1	260.683
670	Une montre or.	1	926.415
671	Une montre remontoir or, 18 lignes, 47495.	1	681.024
672	Un groupe bronze d'art, *les Adieux*.	1	401.058
673	Un vase fond émail.	2	83.723
674	Un vase fond émail.	2	188.789
675	Un petit piano faïence genre Saxe.	1	527.108
676	Une pendule marbre onyx, monture en bronze.	1	487.404
677	Une grande lampe argentée.	2	93.067
678	Une ombrelle dentelle blonde.	2	221.627
679	Une dentelle de Chantilly.	1	915.285
680	Une statuette bronze.	2	546.552
681	Une vasque vénitienne.	1	477.362
682	Un cache-pot fontaine, pavots et or.	1	49.920
683	Un mouchoir Louis XIV point d'Angleterre.	1	31.620
684	Un mouchoir point à l'aiguille.	1	159.195
685	Une bicyclette.	2	887.913
686	Un fusil de chasse.	2	805.366
687	Une garniture (pelle et pincette en fer forgé).	2	474.098
688	Une coupe bronze bronzé, *Hérodiade*.	2	689.203
689	Un buste, *Nubienne*, terre cuite de Truffault.	2	642.013
690	Duruy, *Histoire des Romains*, sept volumes reliés.	1	926.417
691	Une coupe étoffe de 16 mètres pompadour.	1	468.582
692	Un corsage brodé or.	2	635.735
693	Une montre boule avec chaîne or.	1	542.941
694	Une montre or remontoir, 18 lignes, n° 167360.	1	920.458
695	Une montre or, remontoir, 18 lignes, n° 17109.	1	768.748
696	Un éventail écaille.	1	97.232
697	Une coupe étoffe damas jaune.	2	119.473
698	Un fauteuil triangulaire noyer avec coussin peluche bleue.	2	401.234
699	Un buste, *Jeune satyre*, par Allouard.	2	639.372
700	Une selle fine équipée.	1	501.196
701	Un encrier Louis XVI, médaillon enfant.	2	722.750
702	Une coupe étoffe façonnée roses diverses.	2	958.854
703	Deux vases faïence décorés bleu turquoise.	2	453.991
704	Une coupe étoffe de 10^m 50 damas pékin imprimé.	2	347.485
705	Un bracelet or.	1	452.781
706	Une table étagère noyer.	2	610.813
707	Une coupe étoffe damas pékin.	1	477.370
708	Une coupe étoffe de 11^m 30 de velours.	1	789.763
709	Une lampe bronze.	2	665.621
710	Un cadre oiseaux-mouches.	1	646.069
711	Une montre métal et émail.	2	796.772
712	Une couverture de lit.	2	310.320
713	Une tête émail, *Femme au paon*.	2	411.647
714	Une aquarelle de Stacquet.	2	832.988
715	Un modèle de petite flottille.	2	88.469
716	Un bon pour un portrait au charbon. — Don de M. Eug. Pirou.	2	561.248
717	Une jaquette astrakan moiré.	1	768.689
718	Un écran.	2	316.971
719	Une machine à coudre. — Don de M. Buxtorf.	2	742.581
720	Un groupe terre cuite, *l'Amour captif*.	2	769.820
721	Un buste, *Apollon*.	2	966.281

NUMÉROS des lots.	DÉSIGNATION DES LOTS	NUMÉROS GAGNANTS	
		SÉRIES	BILLETS
722	Un buste, *Diane*.	1	91.027
723	Un vase grès émaillé.	2	401.240
724	Une palatine fourrure.	1	562.726
725	Un bracelet chevalière *Tour Eiffel*.	2	887.892
726	Une statuette, *Cendrillon*, sur marbre rouge.	1	278.418
727	Un vase, décor vénitien.	2	556.113
728	Un vase bleu, de Sèvres, décoré.	2	398.590
729	Un petit dragon émail avec miniature.	1	411.650
730	Une garniture de cheminée.	1	831.738
731	Un meuble casier musique, sculpté (six tiroirs).	1	905.643
732	Un vase faïence décoré émaux.	1	709.584
733	Un vase faïence décoré émaux.	1	962.074
734	Un vase cloisonné.	2	706.592
735	Une jardinière.	2	308.588
736	Une corbeille malte japonaise.	2	219.307
737	Une horloge G. D.	2	129.678
738	Une jupe brodée. — Don de M. Bonnassieux-Guidot.	1	88.462
739	Un appareil photographique passe-partout.	2	610.888
740	Une jumelle.	2	156.604
741	Une carabine de tir.	1	959.793
742	Une table quatre battants chardons.	2	326.574
743	Une vasque bleue.	1	121.327
744	Un vase cloisonné.	1	890.822
745	Un remontoir de dame émaillé.	2	641.556
746	Une montre remontoir or, dix-huit lignes.	2	730.343
747	Un cadre et glace.	2	769.686
748	Une statuette, *Vierge* style moyen âge.	2	108.489
749	Un écran brodé.	2	834.188
750	Une montre argent ciselé, cadran argent.	2	30.113
751	Une suspension bronze, neuf lumières.	2	881.302
752	Une lampe moyen âge.	2	970.569
753	Une malle.	2	729.412
754	Une psyché ivoire encadrée.	1	170.860
755	Un porte-cartes montre-remontoir cercle or.	1	982.847
756	Un porte-cartes montre-remontoir cercle or.	1	445.578
757	Une pendule mystérieuse, *le Temps*.	2	349.030
758	Un écran Louis XVI monté peluche, sujet *Amour*.	1	836.878
759	Une gravure de Ab. Hœgg, *Fête de Flandre vers 1540*.	1	923.007
760	Un grand cachepot porcelaine hongroise.	2	251.460
761	Un pot à bière en argent.	2	556.117
762	Une torchère fer.	2	915.741
763	Une peau de vigogne.	1	308.587
764	Une psyché à gaz.	2	442.252
765	Une lampe.	2	572.326
766	Une lampe.	2	949.592
767	Un collier pierreries.	1	683.555
768	Un lustre Louis XIII, trois branches.	1	953.266
769	Une petite boîte métal.	1	831.218
770	Un plateau décor sur or.	2	515.640
771	Un panneau tapisserie, *les Jardins d'Armide*.	2	112.199
772	Une eau-forte de Van der Weele Herman, Jean.	1	760.791
773	Un tableau de Mlle Van der Hart-Corneli, *Étude*.	1	558.542
774	Une table Louis XIII.	1	270.517
775	Une chaise de bureau de dame (Louis XV) cannelée dorée.	2	459.851
776	Une pendule de voyage.	1	968.771
777	Une écharpe mantille.	1	356.512
778	Une théière.	1	224.622
779	Une montre de voyage 8809.	1	761.780
780	Une montre argent ciselé n° 5, cadran argent.	1	784.635
781	Un verre à thé, argent niellé.	1	553.523

Numéros des lots.	Désignation des lots	Séries	Billets
782	Un service de toilette (onze pièces cristal taillé diamant et étoiles).	2	571.639
783	Une malle 80 cent.	2	96.768
784	Un album maroquin.	1	467.851
785	Une garniture (pendule et enfants porte-candélabres.)	2	605.217
786	Un grand vase taillé, quatre côtés dont deux martelés, polis en plein.	2	85.347
787	Un vase buire.	2	85.654
788	Une barbe de dentelle.	2	671.767
789	Un tapis.	1	400.757
790	Un tapis.	2	624.408
791	Une petite jardinière Louis XVI.	1	109.625
792	Une machine à coudre.	1	627.595
793	Un buffet (laboratoire de photographie).	1	221.624
794	Un groupe bronze, *Enfant intermède*.	2	474.733
795	Une statuette, *les Rameaux*.	2	411.641
796	Une chambre à coucher complète en pich-pin.	1	561.243
797	Un coupon étoffe pour robe damas laine blanc.	1	988.421
798	Une lampe cuivre martelé.	2	17.983
799	Une lampe cuivre martelé.	2	949.079
800	Un coupon étoffe Pékin satin.	2	292.208
801	Un nécessaire peluche.	1	856.545
802	Une collection des œuvres de Victor Hugo, vingt volumes.	1	2.531
803	Une robe soierie nouveauté.	1	17.988
804	Une jardinière.	2	565.452
805	Un écrin de 12 couteaux de table et 12 couteaux à dessert.	2	808.052
806	Une bonbonnière émail.	2	305.762
807	Un coussin velours vert doré.	1	983.471
808	Un plateau cuivre doré émail.	1	305.769
809	Un bracelet en or.	1	629.793
810	Un bahut.	2	890.821
811	Un brasero en cuivre.	2	859.565
812	Une robe et un chapeau d'enfant.	1	432.024
813	Une paire de vases rouges.	1	573.052
814	Un verre en émail translucide.	2	126.490
815	Une table bois noir à transformation.	1	494.884
816	Un coupon étoffe moscovite.	1	565.459
817	Une gaine émaillée.	2	150.679
818	Un fusil calibre 24.	1	665.153
819	Une pelisse. — Don de la maison du Gagne-Petit.	1	146.509
820	Un meuble nécessaire de cuisine.	1	40.914
821	Une châtelaine.	1	703.590
822	Un verre émaillé.	2	518.844
823	Un coupon étoffe pékin.	2	905.670
824	Une machine à coudre.	1	962.076
825	Une machine à coudre.	2	300.971
826	Une machine à coudre.	1	172.668
827	Un coupon étoffe pour robe peau de soie.	1	221.026
828	Une table Renaissance.	2	831.733
829	Un groupe terre cuite, *Instruction obligatoire*.	2	453.999
830	Une montre boule or.	2	898.714
831	Un vase porcelaine.	2	968.776
832	Une lampe deux montants nickelée.	1	591.356
833	Une étagère Issogoya.	1	839.070
834	Un fusil canon damas anglais calibre 16.	2	728.191
835	Une toilette merisier et bambou.	1	994.083
836	Un vase avec incrustations or.	2	690.919
837	Un cabaret composé de 15 pièces.	2	30.120
838	Une robe bébé.	1	796.248
839	Une pendule.	1	408.661
840	Une portière brodée.	1	483.795
841	Une montre homme or et argent sur acier.	2	833.243
842	Un baromètre sculpté.	2	500.884
843	Un service coutellerie composé de 28 pièces.	2	995.646
844	Une machine électrostatique.	2	983.001

Numéros des lots.	Désignation des lots	Séries	Billets
845	Une paire vitrages Renaissance.	1	996.482
846	Une jardinière grue.	2	258.167
847	Une statuette zinc d'art, femme Louis XV.	2	831.604
848	Une pendule Henri II.	1	683.578
849	Un fauteuil chauffeuse Louis XIV.	2	627.592
850	Une petite pointe dentelle Chantilly.	2	296.542
851	Une douzaine de couteaux à dessert nacre.	1	366.443
852	Une épingle de chapeau en or.	1	518.849
853	Une lanterne avec porteur.	2	922.211
854	Une paire de cornets porte-fleurs bronze doré.	2	363.687
855	Un fauteuil.	1	943.869
856	Un appareil photographique complet.	1	610.197
857	Un bracelet gothique argent ciselé.	2	968.772
858	Un vase bronze artistique.	2	627.598
859	Un appareil photographique complet.	1	723.172
860	Une plaque de ceinture.	1	708.203
861	Un porte-cigarettes.	2	867.117
862	Un tête-à-tête artistique fond rose.	2	957.622
863	Un mouchoir point à l'aiguille dix-septième siècle.	2	915.745
864	Un cabaret (plateau et tasses).	2	981.622
865	Un plateau en métal argenté.	2	397.031
866	Un coupon étoffe damas pékin.	1	97.234
867	Un costume roumain.	1	980.456
868	Une coupe encadrée nid d'oiseaux.	2	629.917
869	Une agrafe de manteau, émaux et filigrane argent.	1	941.598
870	Une malle.	2	491.555
871	Une pièce dentelle.	2	355.346
872	Un poêlon et une assiette en orfèvrerie.	1	81.725
873	Un coupon étoffe pour robe bengaline rouge.	2	504.541
874	Un bracelet demi-jonc perles fines.	2	17.985
875	Un rideau velours Louis XIV.	1	269.934
876	*Ornement des tissus*, un volume.	1	945.692
877	Une garniture de quatre boutons de manchettes pierres fines.	1	378.651
878	Un tableau aquarelle de Seithoff, *le Soir*.	1	556.116
879	*Décoration arabe*, un volume.	1	1.011
880	Une jardinière Louis XIII.	2	532.905
881	Un éventail écaille.	1	594.267
882	Une paire de vases.	2	70.712
883	Une statuette en terre cuite, *le Bonnet du petit frère*.	1	463.082
884	Une corbeille fleurs artificielles.	1	112.200
885	Un couvre-lit et deux taies d'oreillers au crochet.	1	247.541
886	Un lustre flamand.	1	868.275
887	*Décoration arabe*, un volume. — Don de M. André Daly fils.	1	657.257
888	*Ornement des tissus*, un volume. — Don de M. André Daly fils.	2	331.541
889	Six cuillères à café.	2	665.160
890	Un porte-cigarettes.	1	771.020
891	Une coupe à champagne en argent.	2	560.790
892	Une montre remontoir, 18 lignes.	2	573.033
893	Une vasque.	1	915.208
894	Une chaise gothique en noyer ciré, garnie drap bleu.	2	273.385
895	Une fontaine camaïeu Louis XV.	1	400.753
896	Une jardinière ronde, grise.	2	260.688
897	Email, *Dame à la mandoline*.	2	978.784
898	Une statuette terre cuite décorée, *Fellah*.	1	771.974
899	Une marine sur porcelaine.	1	546.557
900	Un groupe biscuit blanc, *Garde du corps*.	1	75.504
901	*L'Enfer*, un volume maroquin du Levant.	1	235.218
902	Une cuisinière, avec tourne-broche.	1	968.779
903	Une coupe monture bronze.	2	223.087
904	Un tapis toile et bordure.	1	363.684
905	Un plat grand feu, commémoratif de l'Exposition.	1	994.089
906	Un plat grand feu, commémoratif de l'Exposition.	1	966.288

NUMÉROS des lots.	DÉSIGNATION DES LOTS	NUMÉROS GAGNANTS		NUMÉROS des lots.	DÉSIGNATION DES LOTS	NUMÉROS GAGNANTS	
		SÉRIES	BILLETS			SÉRIES	BILLETS
907	Un cachemire français.	2	482.481	968	Une jaquette et un gilet brodé or. — Don de MM. C. Neyret et Cⁱᵉ.	1	85.059
908	Un châle long, fond noir.	1	949.076	969	Une jaquette. — Don de MM. C. Neyret et Cⁱᵉ.	2	629.800
909	Une pièce de drap de fantaisie. — Don de la Société alsacienne.	1	282.139	970	Une gravure encadrée, le Jour.	1	140.598
910	Une suspension, dôme céladon.	1	507.907	971	Un tableau émail limousin, la Vierge à la grappe.	2	81.102
911	Un devant d'autel. — Don de la commission de l'Equateur.	2	706.598	972	Un cabaret.	2	808.060
912	Un plat reflets métalliques, fond or.	1	701.653	973	Un grand coffret faïence.	1	52.615
913	Une suspension dôme céladon, neuf lumières.	2	333.249	974	Une table à ouvrage.	2	482.483
914	Une jardinière faïence décorée. — Don de M. Parvillier.	2	121.330	975	Une broche en or.	2	710.466
915	Une lampe juive ciselée.	2	657.943	976	Un bracelet gourmette, avec montre or remontoir.	1	954.281
916	Une table.	2	485.587	977	Un coupon étoffe pour robe, satin princesse.	2	31.730
917	Une portière de velours imprimé.	2	361.002	978	Une pendule de voyage à colonnes torses.	1	730.344
918	Une demi-parure coquille or et argent.	2	85.052	979	Un coupon étoffe bleue pékin façonné.	1	434.466
919	Un coupe-papier argent.	1	840.383	980	Un coupon étoffe bleue pékin façonné.	1	406.048
920	Un vase Sanglier émaillé.	2	12.697	981	Un dessus d'album, Porteur d'eau.	2	445.579
921	Une broche-trophée.	2	959.796	982	Une paire girandoles Louis XVI à quatre lumières.	1	365.224
922	Un vase faïence.	1	945.700	983	Une table tricoteuse acajou garnie de bronzes dorés.	1	326.571
923	Un vase faïence.	1	769.817	984	Un écrin-bureau.	1	905.665
924	Une fontaine faïence.	2	635.739	985	Une bercelonnette dorée avec filets bleus.	1	12.696
925	Une veste soutachée.	1	388.245	986	Un vase terre cuite.	2	159.471
926	Une lanterne japonaise.	1	2.728	987	Une table couverte, trois étagères.	1	825.003
927	Une terre cuite, Jeune Kabyle.	1	789.664	988	Une trousse garnie.	2	325.463
928	Une machine à tricoter.	1	475.971	989	Un bronze argenté, Elle ronfle.	1	888.915
929	Une garniture de bureau écaille avec écrin.	2	610.890	990	Une glace-armoire.	2	765.303
930	Une faïence.	2	894.685	991	Une machine à coudre n° 49016	2	93.001
931	Un éventail.	2	901.262	992	Un service cabaret.	2	156.602
932	Un éventail.	1	831.605	993	Une table fantaisie.	2	364.278
933	Un éventail. — Don de la compagnie des Indes.	2	892.917	994	Un rideau.	1	894.688
934	Un buste bronze. — Don de M. Moreau-Vauthier.	1	622.265	995	Une pendule grue.	1	119.480
935	Deux écrans.	1	9.790	996	Un coquetier sur plateau argent.	1	515.683
936	Un miroir Louis XV à biseau.	2	89.188	997	Une douzaine fourchettes à huitres,	1	361.001
937	Une statuette, Zingara, n° 2.	1	2.533	998	Une montre sur éventail.	1	406.050
938	Une robe.	2	155.619	999	Un écrin contenant quatre pièces à hors-d'œuvre en argent.	2	494.889
939	Un écran tapisserie.	2	452.786	1000	Littré, Dictionnaire, cinq volumes.	2	892.478
940	Une malle vannerie riche.	1	287.042	1001	Un coupon étoffe bleu noir.	2	2.536
941	Une cafetière, dite « locomotive ».	2	558.549	1002	Deux cuillères en argent..	1	495.587
942	Une pendule mignonnette.	1	90.358	1003	Un fusil percussion centrale.	2	170.155
943	Un modèle de lit de milieu.	1	657.941	1004	Un fusil percussion centrale.	2	474.785
944	Un modèle de plat en plâtre, avec droit de reproduction.	1	970.566	1005	Une parure dentelle.	2	905.662
945	Une coupe en cristal taille diamant riche.	2	500.301	1006	Un mouchoir point à l'aiguille dix-septième siècle.	1	12.700
946	Une coupe en cristal taille diamant riche.	1	196.523	1007	Un costume nansouk.	2	739.545
947	Une paire tableaux tapisserie mosaïque bois.	2	296.546	1008	Une carafe col et bouchon argent.	2	580.759
948	Une lampe.	2	406.043	1009	Une jumelle 24 lignes marine.	2	507.904
949	Une lampe.	1	952.538	1010	Une petite machine à coudre.	1	107.160
950	Une collection Bibliothèque de la Nature, quinze volumes.	1	251.453	1011	Une petite machine à coudre.	2	299.435
951	Un grand plat faïence.	1	869.256	1012	Une lampe pétrole colonne.	1	108.171
952	Une collection Bibliothèque de la Nature, quinze volumes.	1	760.793	1013	Poésies de Desforges, un volume.	1	518.044
953	Une cassette bronze compas.	1	478.047	1014	Un yatagan.	1	890.824
954	Un coffret garni d'émaux.	2	180.282	1015	Une montre de femme damasquinée or et argent.	1	964.700
955	Un livre d'offices dans son écrin.	2	452.782	1016	Une montre de femme or et argent sur acier.	1	546.553
956	Un grand escargot en terre vernie.	1	628.538	1017	Un porte-bouquet marbre bronze.	1	83.733
957	Un vase palmier.	1	201.848	1018	Un miroir biseauté Louis XV.	1	62.088
958	Un coupon étoffe damas lilas.	2	662.849	1019	Un brûle-parfums gros bleu monture bronze.	2	479.993
959	Un coupon étoffe damas pékin.	1	295.804	1020	Un brûle-parfums gros bleu monture bronze.	1	956.931
960	Une gravure encadrée, la Nuit.	2	9.781	1021	Une tente. — Don de M. Guilloux.	1	835.323
961	Un vase moucheté.	2	784.634	1022	Une tente. — Don de M. Guilloux.	1	282.135
962	Un vase moucheté.	1	675.526	1023	Une tente. — Don de M. Guilloux.	2	278.411
963	Une gourde.	1	40.916	1024	Un service chocolat 8 pièces en porcelaine.	2	406.047
964	Un service à thé, six tasses.	1	826.148	1025	Une coupe 18 mètres moire française.	1	481.521
965	Un tableau porcelaine.	1	805.152	1026	Un plateau porte-cartes.	1	627.692
966	Un éventail dentelle.	1	363.688	1027	Un régulateur boîte anglaise.	2	765.276
967	Un modèle de cathédrale quatre façades en liège, sous globe. — Don de M. Jeandrant.	1	85.348	1028	Un bronze, Enfant et chien.	2	75.505

NUMÉROS des lots	DÉSIGNATION DES LOTS	SÉRIES	BILLETS	NUMÉROS des lots	DÉSIGNATION DES LOTS	SÉRIES	BILLETS
1029	Un éventail.		233.027	1095	Un calorifère décor riche.	2	494.885
1030	Un cabaret quatorze pièces carrées, émaux transparents.	1	962.493	1096	Un poêle, pluton émail décor riche.	1	159.785
1031	Un atlas départemental. — Don de M. Levasseur.	2	972.941	1097	Un calorifère à gaz en fonte.	2	347.483
1032	Une lampe Louis XVI.	2	998.132	1098	Six chaises noyer, garnies à plat cuir, clous nickelés.	2	140.599
1033	Une montre or de femme.	1	895.368	1099	Une étagère Reine-Anne.	2	270.904
1034	Une lampe Louis XVI.	1	681.023	1100	Une paire vases flambés forme chine.	2	507.817
1035	Un gobelet argent.	1	892.918	1101	Un groupe chiens limiers.	1	655.358
1036	Un gobelet argent.	1	704.253	1102	Les *Œuvres de Musset*, onze volumes.	1	744.177
1037	Une jardinière.	2	995.642	1103	Une douzaine de cuillères à café en argent.	2	486.536
1038	Un vase flambé forme lampe.	2	962.079	1104	Un coussin applique satin bleu.	1	683.551
1039	Un tablier tulle jais.	2	566.909	1105	Une table tambourin.	1	339.062
1040	Une selle anglaise fine.	2	527.101	1106	Une machine à coudre à la main et aux pieds.	1	641.555
1041	Un bol à punch avec cuiller nickel, plaque argent.	2	887.893	1107	Une machine à coudre à la main et aux pieds.	1	16.617
1042	Un chapeau de dame. — Don de M. Morin Hielard.	1	831.216	1108	Une machine à coudre à la main et aux pieds.	2	201.841
1043	Un onglier cuir.	1	17.982	1109	Un coussin velours rouge brodé.	1	56.622
1044	Une montre.	2	701.658	1110	Un coussin velours bleu brodé.	1	627.599
1045	Une lampe.	2	294.234	1111	Un coupon surah.	1	253.257
1046	Un plat faïence peint sur émail.	2	768.749	1112	Une table à ouvrage incrustée.	1	453.992
1047	Une montre en or, n° 3286.	2	796.241	1113	Un peigne écaille chignon.	2	650.485
1048	Une toilette en cristal.	1	836.380	1114	Un éventail garde-étincelle Renaissance.	1	922.212
1049	Un vase flammé violet.	1	295.802	1115	Un éventail garde-étincelle Louis XVI.	2	551.127
1050	Un vase flammé jaune.	2	451.490	1116	Un éventail marabout.	1	301.481
1051	Une garniture passementerie or.	1	427.471	1117	Un coupon velours 11 mètres.	1	533.132
1052	Une paire de vases.	1	507.905	1118	Un coupon velours coupé.	2	355.850
1053	Une montre en or pour homme.	1	573.056	1119	Un coffret métal argenté et doré.	2	551.421
1054	Une montre en or pour dame.	2	260.682	1120	Une pendule marqueterie ivoire Louis XIII.	1	413.325
1055	Une malle.	2	556.115	1121	Une lampe.	1	495.583
1056	Un vase.	1	681.027	1122	Un plateau et six verres vieil argent.	1	196.504
1057	Un coffret, violette et ébène.	2	91.026	1123	Un plateau et six verres.	1	610.889
1058	Une vasque pâte tendre.	1	608.830	1124	Une carabine.	2	565.460
1059	Un garde-feu, quatre feuilles.	1	515.639	1125	Un buffet-sac.	2	321.903
1060	Une gravure de Desboutin.	2	294.240	1126	Un éventail.	2	665.625
1061	Une gravure de Desboutin.	2	263.359	1127	Un buste, *Enfant parisien*.	2	494.881
1062	Une gravure de Desboutin.	2	507.902	1128	Un porte-bouquet.	1	335.794
1063	Une gravure de Desboutin.	1	693.643	1129	Un porte-bouquet.	2	452.790
1064	Une gravure de Desboutin.	1	608.826	1130	Un écran.	1	81.105
1065	Un vase.	2	379.885	1131	Un tapis.	2	901.268
1066	Une chaise cannée dorée.	1	368.834	1132	Un poêle mobile.	2	650.481
1067	Un lit d'enfant serrurerie artistique avec sommier fer.	1	999.448	1133	Un poêle mobile.	1	305.178
1068	Une chaise pliante moyen âge.	2	126.488	1134	Un poêle mobile.	2	962.050
1069	Un coupon étoffe pékin vert.	1	283.528	1135	Une robe.	1	127.334
1070	Un coupon étoffe pékin blanc.	1	334.699	1136	Deux panneaux brodés de robe.	1	693.844
1071	Un perchoir bambou.	2	453.995	1137	Un poêle mobile.	2	623.533
1072	Une jardinière.	1	61.471	1138	Une cuisinière, 4 robinets automoteurs.	2	887.917
1073	Un petit tapis velours brodé or.	2	768.741	1139	Un écran Renaissance bronze doré vieil or.	2	378.660
1074	Une garniture passementerie.	1	12.694	1140	Une coupe étoffe cardinal.	1	862.833
1075	Un fauteuil noyer teint et cuir teint.	1	710.463	1141	Six cuillères argent.	2	31.617
1076	Une garniture passementerie.	1	610.812	1142	Une broche argent.	1	558.546
1077	*L'Amour des livres*, un volume.	2	158.833	1143	Une lampe Satzouma.	2	85.656
1078	Un stuart castor naturel.	2	627.695	1144	Une pendule Louis XV avec socle.	1	834.187
1079	Une garniture passementerie.	0	104.010	1145	Une douzaine couteaux à dessert Louis XIII.	2	356.519
1080	Un fauteuil en acajou.	1	537.470	1146	Un coupon étoffe damas volga.	1	990.319
1081	*Chef-d'œuvre d'art du Luxembourg*, un volume.	1	79.904	1147	Une coupe étoffe parisienne.	2	998.584
1082	Une paire de vases japonais.	2	326.572	1148	Une coupe étoffe crème et crêpe de Chine.	1	151.640
1083	Un thermomètre bronze argenté.	2	911.411	1149	Une pièce de parchemin.	1	292.195
1084	Un encrier bronze doré et marbre blanc.	2	999.449	1150	Une statue fonte bronzée, écume de mer.	1	61.475
1085	Un huillier, deux salières, un moutardier et une corbeille.	2	634.974	1151	Un coupon royale laine.	2	156.608
1086	Une pompe ménagère.	1	347.484	1152	Un panneau chasse Louis XV.	1	702.470
1087	Un verre gravé, *la Surprise*.	1	517.140	1153	Une pelote dentelle.	1	321.904
1088	Une douzaine paire de bas de soie.	2	150.718	1154	Une paire de potiches.	1	608.824
1089	Une douzaine paire de bas de soie.	1	833.536	1155	Un service à dessert : 42 pièces.	2	401.051
1090	Un mouchoir point à l'aiguille.	2	960.769	1156	Un guitographe.	1	558.309
1091	Un remontoir or, n° 33262.	1	907.538	1157	Un cadre d'oiseaux.	1	406.044
1092	Un bénitier calvaire.	2	258.185	1158	Une selle d'homme complète.	1	578.765
1093	*Légende des siècles* (Victor Hugo), quatre volumes.	1	192.560	1159	Une selle de femme complète.	2	71.889
1094	*La Vie dévote de Saint François de Salles*, deux volumes.	2	953.126				

NUMÉROS des lots.	DÉSIGNATION DES LOTS	NUMÉROS GAGNANTS	
		SÉRIES	BILLETS
1160	Une suspension.		467.857
1161	Un hamac.		605.214
1162	Un cabaret de fumeur.	2	964.691
1163	Un cabaret de fumeur.	2	85.660
1164	Une jumelle.	2	75.507
1165	Une pendule baromètre.	2	871.848
1166	Un revolver de tir.	1	201.846
1167	Une pendule de voyage.	1	748.244
1168	Un vase faïence gravé.	2	689.642
1169	Une coupe avec couvercle.	2	483.798
1170	Un service faïence.	2	270.902
1171	Une jardinière.	1	945.696
1172	Un groupe, *le Beau temps.*	1	129.679
1173	Une garniture porte-cartes maroquin, cadre argent Louis XV.	2	860.897
1174	Une boîte à musique.	1	467.853
1175	Une coupe étoffe pour robe.	2	724.777
1176	Une plaque émail.	2	844.789
1177	Un Amour (terre cuite).	1	706.591
1178	Une lampe.	2	491.551
1179	Un cache-pot.	1	799.882
1180	Un groupe biscuit blanc.	1	957.692
1181	Une statuette faïence peinte.	2	731.974
1182	Un tableau porcelaine, *la Lecture.*	1	427.479
1183	Une table soleil noyer ciré.	2	802.542
1184	Un vase dragon.	1	946.695
1185	Un petit cabinet japonais.	2	432.025
1186	Un cabinet d'Issogoya.	2	397.033
1187	Une table laquée Issogoya.	2	150.022
1188	Un porte-cigarette argent.	1	270.576
1189	Un parasol avec table et support.	2	681.030
1190	Un service à thé martelé inckel pur.	1	840.361
1191	Un panneau (chasse Louis XV).	2	81.110
1192	Une lanterne avec lampe et chaîne.	2	681.023
1193	Un panneau tapisserie Henri II.	2	591.853
1194	Un poêle avec chauffe-pieds.	2	771.971
1195	Une table en noyer sculpté.	1	415.568
1196	Un poêle-fourneau-calorifère.	2	335.791
1197	Une statuette, *Vénus.*	1	946.693
1198	Une potiche. — Don de M. Farge.	1	79.795
1199	Un éventail plumes noires et écaille.		447.112
1200	Un gobelet argent.	1	671.768
1201	Deux cuillères à glace en argent.	1	235.433
1202	Un coussin. — Don de M. Poiret neveu.	1	475.979
1203	Un coussin. — Don de M. Poiret neveu.	2	331.856
1204	Un plat découpé.	1	263.386
1205	Un plat porcelaine grand feu.	2	610.196
1206	Une applique porte-lumière.	1	358.469
1207	Un miroir.	2	899.325
1208	Une applique porte-lumière.	1	79.906
1209	Une coupe à champagne, **argent**	2	525.896
1210	Une lampe de table avec abat-jour.	1	159.197
1211	Un porte-cartes rouge.	1	672.273
1212	Un tableau gravure sur ivoire.	2	432.029
1213	Une montre en or échappement à cylindre.	1	515.130
1214	Un tête-à-tête en porcelaine.	1	646.063
1215	Un revolver, crosse ivoire.	2	911.415
1216	Un plateau papier mâché de Kashmir.	1	646.061
1217	Une tasse et soucoupe en argent.	2	915.749
1218	Un groupe terre cuite, *Confidence.*	1	326.577
1219	Un coffret émail Limoges.	2	129.676
1220	Une boîte de couleurs.	2	459.878
1221	Deux bras à gaz.	1	391.246
1222	Une montre argent.	1	500.810
1223	Un relief de la France.	2	109.630
1224	Une coupe écaille.	2	319.028
1225	Une coupe écaille.	2	840.362
1226	Un service de table de dessert, cent seize pièces.	1	892.475
1227	Un abat-jour. — Don de M. Henry.	2	796.245
1228	Un broc à bière bois sculpté.	2	597.681
1229	Un tableau de Rossano, *les Bords de la Seine.*	1	658.102
1230	Une valise vache.	1	835.031
1231	Une toilette riche marbre noir et or.	2	427.476
1232	Un miroir psyché.	2	31.724
1233	Un coffret.	1	593.303
1234	Un tabouret Henri II.	1	801.984
1235	Un tabouret Henri II.	2	810.075
1236	Une théière argentée Louis XVI.	1	427.448
1237	Une cheminée nickelée.	1	292.193
1238	Un guéridon fantaisie.	2	831.739
1239	Deux pièces étoffe pour costume. — Don de MM. Bossuat et Gaudet.	1	150.676
1240	Un coupon de drap.	2	137.010
1241	Une chaise dos droit en noyer.	1	521.079
1242	Un panier fleurs porcelaine.	1	176.438
1243	Un groupe terre cuite, *le Passage difficile.*	1	682.610
1244	Un émail, *le Printemps.*	2	374.511
1245	Une potiche bleue tête de lion.	1	355.341
1246	Un seau étrusque à tête de lion.	2	156.610
1247	Une potiche bleue.	1	805.174
1248	Une jardinière.	1	296.543
1249	Un vase fond bleu jaspé.	1	79.910
1250	Une pendule mouvement polychrome.	2	468.585
1251	Un groupe, *Proposition délicate.*	1	386.204
1252	Un plat ovale dit tortue, goure Palissy.	1	885.738
1253	Une jardinière poissons, turquoise.	2	642.019
1254	Un émail, *Vache.*	2	704.258
1255	Une montre argent, à remontoir, 8 rubis.	2	782.771
1256	Un corset. — Don de MM. Lévy et Picard.	1	949.080
1257	Une aumônière. — Don de M. Her. Paquet.	1	771.555
1258	Une aumônière. — Don de M. Her. Paquet.	2	831.731
1259	Un coussin bergère.	2	862.831
1260	Un éventail.	2	605.243
1261	Un éventail.	2	411.643
1262	Une assiette creuse, *Chasse.*	1	397.032
1263	Un fusil.	1	386.210
1264	Un encrier bronze ciselé, vieil argent.	2	418.328
1265	Un éventail, *Faust et Marguerite.*	2	325.465
1266	Un plat terre cuite, *Paysage.*	2	146.506
1267	Un cartel Louis XVI doré sur peluche bleue.	1	172.670
1268	Une montre or, cylindre, 8 rubis.	2	207.377
1269	Un vase gravure artistique.	2	824.941
1270	Un verre calice.	2	915.743
1271	Un vase gravure artistique.	2	657.641
1272	Une boîte à gants.	1	62.084
1273	Un plateau Louis XV. — Don de M. Brateau.	1	29.750
1274	*Les Arts nationaux*, deux volumes.	2	682.605
1275	Une canne pomme or.	1	116.337
1276	Un mouchoir dentelle.	1	760.806
1277	Un mouchoir dentelle.	2	477.363
1278	Un écrin contenant des brosses.	2	566.907
1279	Une table trilobée.	2	179.855
1280	Une gravure encadrée, *Au Coin du feu.*	1	325.464
1281	Un groupe, *l'Aveu.*	1	546.046
1282	Une gravure encadrée, *Un Pensionnat.*	2	247.542
1283	Un flacon émaillé.	1	748.250
1284	Un collier normand.	2	394.750
1285	Une pendule marbre et bronze et une paire candélabres.	1	284.567
1286	Une montre or remontoir pour dame.	2	608.821
1287	Une canne baleine.	1	671.762
1288	Une canne baleine et argent.	2	831.737
1289	Une aquarelle fleurs. — Don de Mme Marie Canoby.	2	447.111
1290	Un chapeau de dame.	1	634.979
1291	Un album onyx.	1	990.313
1292	Une toque pour homme.	1	578.763
1293	Un registre caisse, reliure riche.	1	29.748
1294	Un écrin deux pièces, paroissien dentelle, carte officier.	1	316.976

(2e Supplément.)

NUMÉROS des lots.	DÉSIGNATION DES LOTS	NUMÉROS GAGNANTS	
		SÉRIES	BILLETS
1295	Une chambre noire portative.	1	491.558
1296	*Bibliothèque de la nature*, quinze volumes. — Don de M. Masson.	1	832.989
1297	Deux chemises d'homme brodées. — Don de M. Bertholet.	2	959.633
1298	Une paire de rideaux brochés avec embrasses.	1	665.624
1299	Un vase barbotine.	2	619.347
1300	Une jardinière deux lumières.	1	308.589
1301	Un éventail. — Don de M. Henon.	1	892.473
1302	Un éventail. — Don de M. Henon.	2	857.775
1303	Un projectorama optique.	2	868.276
1304	Une chaise salon Louis XVI.	1	739.544
1305	Une table ovale.	1	477.364
1306	Un plumeau boule de neige.	1	572.327
1307	Un plat faïence.	1	52.619
1308	Un meuble Louis XV, vernis Martin.	1	515.635
1309	Une plaque, 48 centimètres.	2	705.337
1310	Une jardinière.	1	665.155
1311	Un costume et capote. — Don de MM. Blum, Gerson et Cie.	2	415.563
1312	Une paire rideaux avec bandeaux. — Don de la grande chancellerie de Saint-Denis.	2	293.487
1313	Un vase Miyagawa.	1	521.071
1314	Un vase Miyagawa.	2	900.836
1315	Un vase Okomura.	1	177.115
1316	Une gravure encadrée. — Don de M. Charles Chardon.	2	406.045
1317	Une gravure encadrée. — Don de M. Charles Chardon.	1	899.322
1318	Une pendule, vernis Martin.	2	627.691
1319	Une jardinière composée de 4 panneaux.	2	723.179
1320	Un cache-pot aux armes de la ville de Limoges. — Don de l'école nationale des Arts décoratifs.	2	108.176
1321	Un costume roumain.	1	775.035
1322	Deux alcarazas.	1	548.146
1323	Une canne écaille.	1	915.251
1324	Une coupe étoffe pékin glacé hussard.	2	1.663
1325	Une coupe de 15 mètres damas pékin Nil.	2	952.533
1326	Une coupe étoffe damas.	1	600.369
1327	Œuvres complètes de Coppée (neuf volumes).	1	995.116
1328	*Le Torrent*, bronze vert sur marbre.	1	551.130
1329	Une chaise Louis XIV.	1	998.139
1330	Un dessus de buvard.	1	1.662
1331	Un fauteuil chêne blanc de bureau ciré, couvert en drap.	2	335.040
1332	Une pendule marbre noir étagère et bronze doré.	1	996.488
1333	Une paire d'appliques trois lumières.	2	295.803
1334	Une coupe de 20 mètres surah extra.	2	653.101
1335	Une écharpe brodée or.	1	622.269
1336	Une pelote. — Don de la maison du Gagne Petit.	2	454.160
1337	Une pendule Louis XV.	1	887.916
1338	Une pendule vernis Martin.	2	887.919
1339	Une carafe plate taillée, col et bouchon argent.	2	423.061
1340	Un coussin cuir rouge brodé.	2	900.957
1341	Un coupon étoffe noire.	1	699.375
1342	Une coupe de 13m10 pékin noir.	2	795.550
1343	Une boîte à bijoux, *Fête de village*.	2	994.088
1344	Une coupe 19 mètres surah extra.	2	56.623
1345	Un couteau écaille avec écrin.	2	529.842
1346	Œuvres de Victor Hugo, vingt volumes.	2	195.996
1347	Une bouillotte.	2	957.057
1348	Un émail (tête de pape).	1	765.271
1349	Un encrier Louis XV bronze doré.	2	11.962
1350	Un tableau tapisserie.	1	294.237
1351	Un plateau en maillechort (sujet gravé).	2	253.029
1352	Un tableau tapisserie, *Oranges*.	2	514.959
1353	Une table guéridon.	1	375.672
1354	Une machine à coudre.	2	926.414

NUMÉROS des lots.	DÉSIGNATION DES LOTS	NUMÉROS GAGNANTS	
		SÉRIES	BILLETS
1355	Une lanterne liseuse.	2	572.322
1356	Une lampe avec console.	2	833.241
1357	Une bouteille porcelaine flammée.	2	314.951
1358	Une lampe avec console.	2	901.871
1359	Un abat-jour.	1	408.669
1360	Un abat-jour.	1	517.136
1361	Un gobelet argent.	2	860.344
1362	Un gobelet argent.	2	862.836
1363	Un brûle-parfums.	1	451.882
1364	Une coupe velours coupé.	2	515.129
1365	Un écran non monté.	2	170.151
1366	Un écran non monté.	1	483.797
1367	Un jeu de billes ivoire.	2	292.196
1368	Un fauteuil Seymour en moquette.	2	728.195
1369	Une montre or, cuvette or.	2	771.554
1370	Un émail Limoges, *Amour*.	1	895.367
1371	Un plat carré bleu de four, *Coq et Poule*.	2	150.675
1372	Une paire de vases, or relief, à fleurs.	1	640.620
1373	Un mousqueton.	2	56.629
1374	Un revolver.	1	892.477
1375	Un coffret ébénisterie.	1	108.556
1376	Une boîte en bois d'olivier.	2	75.501
1377	Une canne.	2	159.479
1378	Une garniture porte-cartes et porte-monnaie.	1	705.340
1379	Une garniture de bureau émail et onyx.	2	68.759
1380	Un vêtement de dame.	1	517.719
1381	Un vêtement de dame.	2	702.461
1382	Une carabine incrustée argent.	1	220.343
1383	Une lampe avec abat-jour.	2	566.905
1384	Un bronze, buste paysanne.	2	283.525
1385	Une cuisinière.	1	79.902
1386	Un médaillon émaillé.	1	730.346
1387	Un coussin tulipe crème.	1	915.210
1388	Un vase faïence décorative.	1	432.026
1389	Une boîte d'outils.	1	704.251
1390	Un vase faïence décorative.	1	379.888
1391	Une cheminée Salamandre.	2	467.854
1392	Une coupe étoffe pékin façonné.	1	492.709
1393	Un panneau Fauconnier.	2	68.086
1394	Un vase porcelaine.	2	90.355
1395	Une coupe crêpe de Chine.	2	319.026
1396	Un vase porcelaine.	2	803.720
1397	Un panneau Fauconnier.	1	399.062
1398	Une coupe étoffe damas pékin saphir.	1	826.146
1399	Une coupe d'étoffe moire fantaisie.	1	572.323
1400	Une machine à coudre, la Mignonne.	2	816.975
1401	Une machine à coudre, la Mignonne.	1	710.467
1402	Une machine à coudre, la Mignonne.	2	639.380
1403	Une broche argent.	2	278.415
1404	Un vison du Canada.	1	716.231
1405	Un émail or gravé.	1	196.510
1406	Une pendulette trophée marin,	1	627.597
1407	Un fac-similé d'aquarelle avec cadre doré.	1	507.031
1408	Une lanterne à projection.	1	9.515
1409	Une garniture bureau.	2	168.380
1410	Une casserole cuivre et argent, avec son couvercle.	1	159.191
1411	Une coupe de volant dentelle crème.	1	93.002
1412	Une coupe robe réséda pékin.	2	860.255
1413	Une coupe soierie.	1	519.670
1414	Une coupe étoffe taffetas broché.	1	56.628
1415	Une garniture de bureau, sept pièces.	1	653.106
1416	Un châssis chambre noire dit Bouguigeron.	1	572.329
1417	Un gobelet argent.	2	177.118
1418	Un calorifère nickelé.	1	571.634
1419	Une cheminée manivelle noire.	2	693.644
1420	Une jardinière Louis XIV.	2	893.718
1421	Un fichu blonde. — Don de la compagnie des Indes.	2	454.154
1422	Une garniture pendule.	1	158.834
1423	Un imperméable dame.	1	529.845

(2e Supplément.)

N° des lots	DÉSIGNATION DES LOTS	SÉRIES	BILLETS
1424	Une douzaine couteaux à dessert, lame argent.	1	258.190
1425	Un petit portefeuille.	2	246.016
1426	Une grande vasque.	2	970.561
1427	Un coussin. — Don de M. Henry.	1	623.532
1428	Un éventail.	1	639.210
1429	Un imperméable dame.	2	41.500
1430	Un éventail.	1	894.682
1431	Une bonbonnière argent.	2	321.905
1432	Un éventail.	2	247.546
1433	Un coussin peluche rouge. — Don de MM. Blazy frères.	1	104.901
1434	Une boîte d'outils.	1	918.511
1435	Un album.	2	982.517
1436	Un verre gravé, *Diane chasseresse.*	1	874.520
1437	Un verre gravé, *la Cigogne et le Renard.*	2	487.841
1438	Un groupe, *Faunes et bacchantes.*	1	504.254
1439	Une paire de vases.	1	481.527
1440	*Ornementation par la nature*, un volume. — Don de M. André Daly fils.	1	247.549
1441	Un vélographe noir.	1	2.539
1442	Une assiette bleue, *Amours*, or.	2	233.023
1443	Un vase, style biblique.	1	29.742
1444	Une plaque.	1	293.490
1445	Un plat canard.	1	657.255
1446	Une cheminée tubulaire noire, une plaque à coulisse.	2	565.458
1447	*Benvenuto Cellini*, un volume.	2	731.972
1448	*Tissus anciens*, un volume. — Don de M. André Daly fils.	1	722.743
1449	Un télégraphe morse imprimeur.	2	378.654
1450	Un parapluie.	2	268.262
1451	Un parapluie.	2	475.976
1452	*Claretie peintre*, deux volumes.	2	97.237
1453	Un vase Duplessis.	2	61.480
1454	Une coupe étoffe écosse soie.	1	427.340
1455	Une chambre noire 13/18.	2	530.655
1456	Une boîte de couleurs.	2	222.078
1457	Un mouchoir.	2	446.392
1458	Un fauteuil chêne, à ressort.	2	939.588
1459	Un émail sur lave.	1	559.634
1460	Un coffret vieil argent et or.	1	580.769
1461	Une coupe, dessin à la plume.	2	884.696
1462	Un petit poignard damasquiné.	1	992.030
1463	Deux boîtes terre-cuite, *Violettes et marguerites.*	2	234.340
1464	Un gobelet argent émaux de Kashmir.	2	201.843
1465	Une pèlerine dame, laine rose. — Don de M. Torrilhon et Cie.	1	629.912
1466	Un plateau Âge d'or.	1	500.587
1467	Un arbre en liège avec socle et globe. — Don de M. Ch. Jeandrant.	2	860.800
1468	Une coupe étoffe pékin.	1	962.491
1469	Une robe.	1	478.043
1470	Une coupe étoffe surah.	2	862.840
1471	Une lyre à gaz.	2	992.667
1472	Une cuisinière à gaz.	1	878.655
1473	Une coupe étoffe pékin.	2	229.566
1474	Une casserole sauteuse cuivre et argent.	1	459.472
1475	*Molière*, sept volumes.	2	83.735
1476	Un appareil photographique.	1	179.858
1477	Une pèlerine loutre de mer.	1	258.186
1478	Une cheminée roulante, l'Élégante.	2	29.268
1479	Un encrier onyx.	1	642.014
1480	Une carte-nécessaire.	2	760.794
1481	Les *Odes* d'Olivier, un volume.	2	461.057
1482	Un vase cuivre gravé.	1	425.397
1483	Un vase bleu turquoise à anneaux.	1	159.781
1484	Un vase.	2	263.585
1485	Un vase bleu turquoise à anneaux.	1	515.637
1486	Un saladier avec le couvert.	1	653.435
1487	Un broc vert relief.	1	379.884
1488	Une statuette terre cuite, *Mignon.*	2	819.420

N° des lots	DÉSIGNATION DES LOTS	SÉRIES	BILLETS
1489	Un vide-poche.	1	755.456
1490	Un pistolet.	2	960.767
1491	Une coupe (oiseaux).	1	729.411
1492	Une coupe (oiseaux).	2	421.825
1493	Une coupe (oiseaux).	2	671.765
1494	Une coupe (oiseaux).	2	869.251
1495	Un plat métal argenté et doré.	2	765.272
1496	Une aquarelle (corvette à vapeur).	1	657.253
1497	Un dessin, *Cuirassé de station.*	2	129.672
1498	Une suspension double chaînage.	1	634.975
1499	La reliure moderne, deux volumes.	2	918.516
1500	Un appareil photographique avec douze plaques.	1	9.788
1501	Un plateau vieil argent gravé guilloché.	1	623.536
1502	Un vase.	2	85.058
1503	Un vase.	2	341.470
1504	Une coupe avec soucoupe peinte.	1	150.029
1505	Une coupe avec soucoupe peinte.	1	642.012
1506	Une paire de vases.	1	956.939
1507	Un service à poisson.	1	826.150
1508	Une douzaine cuillères à café argent.	1	561.247
1509	Un bon pour un vêtement. — Don de la maison de la Belle Jardinière.	2	301.490
1510	Un bon pour un vêtement. — Don de la maison de la Belle Jardinière.	1	413.323
1511	Un revolver.	1	243.490
1512	Une canne.	2	872.825
1513	Une épreuve de *l'Angelus*, sur chine.	1	474.067
1514	Une épreuve de *Labor*, sur chine.	1	533.140
1515	Une boîte à allumettes briquet.	2	897.037
1516	Un appareil stéréographique complet avec ses accessoires.	2	553.528
1517	Un album maroquin.	1	887.897
1518	*François-Joseph et son règne*, un volume.	2	521.072
1519	Une cave à liqueurs (tour Eiffel).	2	629.944
1520	Un buvard.	1	310.317
1521	Un parapluie.	1	799.884
1522	Un brassard. — Don de M. Her-Paquet.	2	899.323
1523	Un brassard. — Don de M. Her-Paquet.	2	150.671
1524	Une gravure encadrée, *Pont de Londres.*	1	40.486
1525	Une machine Willcox.	2	83.737
1526	Une machine Willcox.	1	93.006
1527	Un album de l'Exposition.	2	710.468
1528	Une gravure encadrée, *Westminster.*	1	501.401
1529	Une coupe étoffe blanc mousseux pékin satiné.	1	834.607
1530	Un buste magique.	2	89.182
1531	Un vase.	1	874.249
1532	Un vase.	2	532.940
1533	Un plat décoré roses et raisins.	1	159.780
1534	Une colonne onyx.	1	17.986
1535	Une colonne onyx.	1	558.550
1536	Un manteau.	2	765.278
1537	Une robe fillette. — Don de MM. C. Neyret et Cie.	1	518.845
1538	Un appareil à gaz. — Don de MM. Delafolie, Bastide Castoul et Cie.	1	953.262
1539	Un écrin contenant deux cuillères en argent.	2	662.843
1540	Un buste magique.	2	996.485
1541	Un coupon étoffe pékin noir.	2	627.099
1542	Une coupe damas nouveau.	1	728.196
1543	Une coupe étoffe pompadour.	1	982.520
1544	Une coupe étoffe pékin.	2	243.177
1545	Un moutardier en argent.	2	397.039
1546	Un tapis.	2	413.326
1547	Un tapis.	1	675.524
1548	Un tapis.	2	52.612
1549	*Le Monde terrestre*, cinq volumes.	2	992.669
1550	Une coupe étoffe crêpe de Chine.	1	501.407
1551	Un panneau tapisserie, *Fiançailles.*	1	89.483
1552	Une coupe étoffe japon noir pompadour.	2	331.547
1553	Une coupe étoffe taffetas laine pompadour.	1	693.647

NUMÉROS des lots	DÉSIGNATION DES LOTS	NUMÉROS GAGNANTS SÉRIES	NUMÉROS GAGNANTS BILLETS
1554	Une coupe étoffe pour robe claire.	1	871.848
1555	Une coupe étoffe pékin peau de soie noire.	1	240.106
1556	Une coupe étoffe pékin blanc.	1	301.485
1557	Une canne rotin poire or.	1	566.910
1558	Une peinture sur nacre, *Sainte-Vierge*.	2	517.716
1559	Un tapis.	1	838.242
1560	Un tapis.	1	481.523
1561	Un tapis.	1	518.841
1562	Un tapis.	2	892.474
1563	Un tableau émail de Limoges, *Innocent X*.	2	17.981
1564	Un tableau tête d'Annibal, émail de Limoges.	1	824.946
1565	Une coupe ceinture brochée.	2	323.782
1566	Une ceinture brochée.	2	299.437
1567	Un émail, *Sainte famille*.	2	750.690
1568	Un légumier Louis XV nickel pur.	1	869.260
1569	Une boîte noire, coins et ferrures cuivre.	2	386.205
1570	Un appareil photographique 18/24.	2	17.989
1571	Une coupe de volant dentelle crème.	2	9.785
1572	Deux carafons à vin.	1	789.769
1573	*Les Maîtres ornemanistes*, deux volumes. — Don de M. Plon, Nourrit et Cie.	2	56.536
1574	*Léonie*, un volume, reliure amateur.	1	474.736
1575	Une jumelle théâtre.	2	513.794
1576	Une pointe brodée or.	1	294.233
1577	Un plat.	2	789.663
1578	Un plat.	2	578.770
1579	Une pipe écume courbée.	1	159.474
1580	Une paire vases Louis XVI faïence.	1	789.767
1581	Un émail d'après Coypel.	2	959.631
1582	Un coffre en émail vieux sèvres bleu.	2	624.967
1583	Un remontoir argent mystérieux.	2	527.109
1584	Une trompe du Congo, ivoire.	1	600.367
1585	Une paire de rideaux brodés couleurs.	2	401.232
1586	Un chien émaillé.	1	408.663
1587	Un chien émaillé,	2	249.365
1588	*Nouvelles* de Musset, un volume. — Don de M. Conquet.	1	771.976
1589	Un couteau écaille avec écrin.	2	572.330
1590	Un tapis. — Don de la commission hellénique.	1	983.477
1591	Un coussin en peluche grenat et peinture artistique.	1	610.193
1592	Un bracelet.	2	278.413
1593	Un thermomètre sur opale cadre doré.	2	61.474
1594	Une chaise.	2	394.744
1595	*Le Livre de Joseph*, un volume. — Don de MM. Hachette et Cie.	1	972.605
1596	*Le Livre de Tobie*, un volume. — Don de MM. Hachette et Cie.	1	79.791
1597	*Le Livre d'Esther*, un volume. — Don de MM. Hachette et Cie.	2	491.553
1598	Un vase, *Anguilles et grenouilles*.	1	672.277
1599	*Poésies* du cardinal de Bernis, un volume.	1	507.816
1600	Une fontaine.	2	744.172
1601	Une machine à coudre.	2	890.827
1602	Un vase à fleurs.	2	275.758
1603	Une boîte d'atelier à pieds et tiroirs.	1	401.000
1604	Un pot argenté.	2	988.426
1605	Un berceau palissandre ciré.	1	332.847
1606	Un store fond crème. — Don de la grande chancellerie de Saint-Denis.	2	784.636
1607	*Historique et bibliographie de l'amateur*, un volume.	1	481.091
1608	Une gaine contenant douze verres.	2	150.673
1609	Une boîte à épingles noire.	2	445.575
1610	Un chapeau gris brodé or et argent.	1	454.157
1611	*Manon Lescaut*, un volume.	1	860.343
1612	Un vêtement fourré.	1	451.483
1613	Une montre argent décorée avec or reporté.	2	478.042
1614	Une ceinture brochée.	2	252.557
1615	Une ceinture brochée.	2	887.011

NUMÉROS des lots	DÉSIGNATION DES LOTS	NUMÉROS GAGNANTS SÉRIES	NUMÉROS GAGNANTS BILLETS
1616	Une robe.	2	334.765
1617	Une coupe marron satin.	2	196.486
1618	Une coupe étoffe surah.	1	527.106
1619	Une coupe étoffe rouge et blanc.	1	249.102
1620	Une ceinture imprimée.	1	270.907
1621	Une ceinture imprimée.	1	504.263
1622	Une coupe émaillée.	1	147.516
1623	Une boîte de peinture.	1	509.820
1624	Une coupe étoffe surah.	1	399.068
1625	Un pupitre acajou.	2	382.346
1626	Une ménagère. — Don de M. Henry.	2	480.150
1627	Un éventail. — Don de M. Duvelleroy.	1	427.473
1628	Un lit articulé matelassé.	1	314.952
1629	Une fontaine.	2	665.627
1630	*La Dame aux camélias*, un volume.	2	672.278
1631	*L'Amérique du Nord*, un volume.	2	945.697
1632	Un bracelet.	2	379.883
1633	Une boîte à allumettes briquet.	1	597.690
1634	Une cheminée émaillée.	2	669.320
1635	Une bague perles et roses.	1	234.335
1636	Une bague perles et roses.	1	796.250
1637	Une bague perles et roses.	2	915.200
1638	Une bague perles et roses.	2	962.046
1639	Une bague perles et roses.	2	869.257
1640	Une bague perles et roses.	1	190.133
1641	Un bracelet.	1	824.948
1642	Un classeur marqueterie filet cuivre.	1	581.217
1643	Un manchon chinchilla.	1	831.697
1644	Un manchon renard.	2	495.584
1645	Un cache-pot.	2	31.726
1646	Un cache-pot.	1	11.969
1647	*L'Art en 1789*, un volume.	1	159.480
1648	*L'Art en 1789*, un volume.	1	922.220
1649	Un vase fond brun.	1	928.270
1650	Un miroir.	1	500.880
1651	Un vase cristal monté.	2	943.868
1652	Un coffret cuir vert, genre ancien.	1	90.356
1653	Un vase.	1	459.877
1654	*Voyage sentimental*, un volume. — Don de M. Boudet.	2	97.283
1655	Une coupe étoffe rose popelinette.	1	756.961
1656	Une garniture de bureau, sept pièces.	1	619.346
1657	Une coupe étoffe pour robe.	1	269.940
1658	Un calorifère nickelé.	2	872.321
1659	Une coupe étoffe pour robe.	2	565.454
1660	*Histoire de France, 1789 à 1848*, deux volumes.	1	234.333
1661	Une coupe étoffe crème.	1	966.282
1662	Une casserole et son couvercle, cuivre et argent.	1	482.486
1663	Une pendulette, *Mars*.	1	187.925
1664	Une pendulette-étrier.	1	655.356
1665	Une garniture fumeur.	2	500.890
1666	Un plat.	2	521.076
1667	Une épingle sardoine gravée, monture or.	2	907.539
1668	Une épingle grenat gravée, monture or.	1	937.914
1669	Une épingle grenat gravée, monture or.	1	177.113
1670	Une cuisinière nickelée.	2	831.219
1671	Une cuillère et une fourchette en étui.	1	862.837
1672	Un appareil photographique, le Photo-éclair.	1	337.549
1673	Une toque en loutre marron. — Don de MM. Grebert et Borgnis.	2	268.208
1674	Un couteau cure-pieds écaille.	2	857.771
1675	Un bénitier. — Don de M. Bouasse-Lebel.	1	871.841
1676	Une canne pomme ivoire tête *Guerrier*.	2	949.594
1677	Un stéréoscope américain. — Don de M. Fauvel Auguste).	1	235.214
1678	Un vase turquoise, bronze doré.	2	867.119
1679	Une boîte en thuya.	1	187.069
1680	Un vase turquoise bronze doré.	2	629.794
1681	Une coupe grand feu de four sous émail.	1	400.759
1682	Un petit service à thé.	2	635.783

NUMÉROS des lots.	DÉSIGNATION DES LOTS	NUMÉROS GAGNANTS	
		SÉRIES	BILLETS
1683	Une assiette paysage bleu de four.	1	710.461
1684	Une liseuse.	1	589.933
1685	Une liseuse.	1	954.888
1686	Une pelle à glace.	2	840.368
1687	Un jupon surah.	1	151.636
1688	Une montre isochronomètre à bande mobile.	1	769.818
1689	Une malle. — Don de M. Gonzalez.	1	744.173
1690	Un miroir cadre peluche cuir.	2	834.186
1691	Une lampe Japon.	2	93.009
1692	Une lampe Japon.	1	610.818
1693	Un bracelet.	1	742.582
1694	Un album avec garniture.	2	453.997
1695	Un manchon vison Canada.	2	900.951
1696	Un remontoir 12 lignes cœur acier.	1	911.418
1697	Un remontoir 12 lignes cœur acier.	2	475.978
1698	*Nouveaux contes à Ninon*, deux volumes.	2	29.262
1699	Un bracelet jais.	1	992.666
1700	Une glace éventail.	2	566.901
1701	Un poignard imitation.	1	518.042
1702	Un boa lynx.	2	771.556
1703	Une garniture bureau.	1	835.212
1704	Un manchon loutre.	1	824.942
1705	Un manchon lynx.	1	341.469
1706	Une coupe deux anses fond brun.	1	905.114
1707	Six tasses décorées dans une gaine.	1	553.529
1708	*L'Art*, un volume. — Don de la Librairie de l'Art.	1	529.847
1709	Un onglier cuir.	1	690.916
1710	Une table garnie.	2	452.784
1711	Un vase émaillé.	1	860.898
1712	Un corset parisien. — Don de M. Davoult.	1	401.056
1713	Une boîte couleurs à double fond.	1	957.052
1714	Une fontaine.	2	489.148
1715	Une montre acier.	1	251.457
1716	Un tableau émail, Limoges.	1	943.867
1717	Un vêtement homme. — Don de M. Morel.	2	425.896
1718	Un album bois durci.	1	978.787
1719	Un poêle or et acier, tôle à jour.	1	814.956
1720	Une toque de dame.	2	980.459
1721	Un poignard bois sculpté.	2	923.981
1722	Une toque de dame.	2	864.276
1723	Un parapluie, manche ivoire, pommeau or doublé. — Don de M. Emile Renard.	2	962.073
1724	Une fontaine.	1	956.933
1725	Un chapeau de femme.	2	533.137
1726	Un paroissien.	2	715.769
1727	Quarante-deux paires gants de laine pour enfants. — Don de MM. C. Neyret et Cie.	2	71.883
1728	Un corsage brodé or.	2	301.243
1729	Une boîte.	2	982.848
1730	Une montre en or.	2	825.002
1731	Une machine à découper.	2	533.135
1732	*Contes de Perrault*, un volume.	2	789.762
1733	*Contes de Perrault*, un volume.	2	801.378
1734	*Pierre et Jean*, un volume.	2	91.022
1735	*Pierre et Jean*, un volume.	1	992.662
1736	*Pierre et Jean*, un volume.	2	542.912
1737	Une table pliante.	1	657.642
1738	Général Thomas, *Autour du drapeau*, un volume.	2	301.486
1739	Un plat émail cloisonné.	1	624.970
1740	Manches dentelles. — Don de M. Pagny.	1	705.336
1741	Un pot à glace.	1	299.436
1742	Une lampe avec abat-jour.	2	799.881
1743	Une écharpe blonde. — Don de M. Lefebure.	1	725.813
1744	Une barbe dentelle. — Don de MM. Robert frères.	2	946.692
1745	Une douzaine de paires de gants. — Don de M. Francoz.	2	629.919
1746	Un mouchoir brodé. — Don de M. Coutin.	2	968.774

NUMÉROS des lots.	DÉSIGNATION DES LOTS	NUMÉROS GAGNANTS	
		SÉRIES	BILLETS
1747	Une châtelaine. — Don de la compagnie des Indes.	2	698.642
1748	Une carpette. — Don de MM. Mellerio et Gossé.	1	519.668
1749	Une malle-lit.	1	610.881
1750	Un miroir ivoire.	1	305.767
1751	*La Lorraine illustrée*, un volume.	1	978.785
1752	Un boa. — Don de M. Grebert-Borgnis.	2	434.467
1753	*La Lorraine illustrée*, un volume.	2	30.112
1754	Une caisse de 12 bouteilles de vin. — Don de la commission du Chili.	2	923.092
1755	Un vase porcelaine.	1	127.336
1756	Une caisse de 12 bouteilles de vin. — Don de la commission du Chili.	1	433.349
1757	Un vase porcelaine.	1	415.570
1758	Une caisse de 12 bouteilles de vin. — Don de la commission du Chili.	1	310.313
1759	Un pressoir à citron.	2	771.558
1760	Une casserole cuivre et argent.	1	995.120
1761	Un imperméable. — Don de MM. Martiny, Vestraët et Cie.	1	629.791
1762	Une coupe étoffe quadrillée pour robe.	2	653.107
1763	Un cadre or sur velours.	1	789.761
1764	Une coupe étoffe crème.	1	782.772
1765	Une machine à découper.	1	795.541
1766	Une machine à découper.	2	530.689
1767	Une coupe étoffe pour robe toile de Chine.	2	529.844
1768	Une coupe étoffe pékin pour robe.	1	954.882
1769	Une pipe écume sculptée grifte.	1	140.596
1770	Un encrier en bronze.	2	71.881
1771	Un couteau à papier ivoire.	1	391.250
1772	*Chiens et Chats*, un volume.	1	693.842
1773	Un coffret acajou coins argent.	1	915.204
1774	Un appareil photographique. — Don de M. Marco Mandoza.	1	553.521
1775	Une assiette cloisonnée.	1	492.703
1776	Une assiette cloisonnée.	2	546.043
1777	Une coupe étoffe rose damas.	2	487.922
1778	Un manteau broché.	2	190.132
1779	Un poêle roulant à feu visible.	2	127.333
1780	*L'Industrie*, quatre volumes.	2	881.304
1781	*Œuvres de Musset*, sept volumes.	1	597.688
1782	*La Science*, quatre volumes.	1	883.534
1783	Une canne rotin, tête de chien argent.	2	983.003
1784	Un plat.	2	636.432
1785	Un costume de dame.	2	519.667
1786	Une médaille argent.	1	486.531
1787	Une médaille argent.	2	624.969
1788	Une médaille argent.	1	871.845
1789	Une médaille argent.	1	558.303
1790	Un couvre-pieds satin.	2	11.964
1791	Un couvre-pieds satin.	1	501.192
1792	Une boîte à allumettes briquet.	1	943.861
1793	Une boîte à allumettes briquet.	1	556.114
1794	Une montre remontoir métal.	1	934.886
1795	Une lampe suspendue à boule.	2	515.638
1796	*Histoire des ballons*, un volume.	2	517.138
1797	Une canne.	1	222.073
1798	Une garniture bureau.	1	247.545
1799	Un calorifère.	2	835.219
1800	*Roméo et Juliette*, un volume.	2	801.985
1801	Un châle.	1	672.275
1802	Une pendule officier.	1	610.887
1803	Une pendule officier.	1	319.029
1804	Un manchon pour la chasse.	1	126.481
1805	Un carton gravures, *Œuvres de Victor Hugo*. — Don de M. Hebert.	2	810.073
1806	Un coffret à bijou moiré.	2	957.609
1807	Un lit oriental avec matelas.	1	2.535
1808	Un veston en caoutchouc aérifère.	2	337.548
1809	Deux vases.	2	750.682
1810	Une potiche, bleu de Sèvres, avec écrin.	2	894.689
1811	Un vase feuilles et fleurs.	1	481.142

NUMÉROS des lots.	DÉSIGNATION DES LOTS	NUMÉROS GAGNANTS SÉRIES	NUMÉROS GAGNANTS BILLETS
1812	Une trousse voyage. — Don de M. Brochard.	1	167.410
1813	Une table à tiroir.	2	832.986
1814	Un vase à fleurs pompadour.	1	341.461
1815	Une coupe étoffe faille blanc.	2	639.201
1816	Une machine à découper.	1	400.751
1817	Une machine à découper.	1	126.485
1818	Une colonne noyer incrustée nacre.	1	399.070
1819	Une colonne noyer incrustée nacre.	2	504.255
1820	Une coupe étoffe popeline.	2	1.014
1821	Deux vases rouges.	1	946.699
1822	Un éventail. — Don de M. E. Kees.	2	945.695
1823	Un saladier avec service en chêne plaqué argent.	1	669.315
1824	Une chaise coqueteuse.	2	265.223
1825	Une robe lilas.	1	769.811
1826	Une coupe étoffe damas nouveau.	1	168.379
1827	Une robe.	1	358.463
1828	Un coussin cuir.	2	81.108
1829	Quatre articles pour bébé. — Don de M. Comet.	1	359.568
1830	Une casserole et son couvercle cuivre et argent.	2	524.361
1831	Un miroir avec ses deux flambeaux.	2	888.912
1832	Une petite armoire incrustée nacre.	2	890.825
1833	Treize paires gants de soie. — Don de MM. C. Neyret et Cⁱᵉ.	2	862.832
1834	Une coupe étoffe pour robe.	2	957.055
1835	Une casserole sauteuse cuivre et argent.	2	494.883
1836	Un vase rose et orange, figure émaillée.	1	981.629
1837	Une pendule et deux flambeaux.	2	923.098
1838	Un plat faïence artistique, grand feu.	1	287.048
1839	Un vase cornet bleu.	2	41.558
1840	Un cornet bleu.	1	868.336
1841	Un vase bronze.	1	639.373
1842	Un vase bronze.	1	709.586
1843	Un vase japonais.	1	701.659
1844	Un vase japonais.	2	535.002
1845	Un couteau de chasse avec ceinturon.	2	229.570
1846	Une panoplie en chêne avec glace.	2	374.515
1847	Un casse-tête. — Don de M. Henin.	2	517.137
1848	Un devant de corsage.	1	960.764
1849	Un sous-main incrusté nacre.	2	885.735
1850	Un tableau peinture sur porcelaine.	1	366.441
1851	Un déjeuner.	2	90.357
1852	L'Exposition, deux volumes.	1	825.007
1853	L'Exposition, deux volumes.	1	31.616
1854	L'Exposition, deux volumes.	2	16.618
1855	L'Exposition, deux volumes.	1	43.086
1856	Une jumelle, 15 lignes.	2	270.910
1857	Un manchon. — Don de M. Grebert-Borgnis.	1	195.991
1858	Un poêle mobile.	2	275.756
1859	Céramique, un volume.	1	662.848
1860	Dictionnaire de l'art.	2	054.290
1861	Dictionnaire du théâtre.	1	530.245
1862	Fromont jeune et Risler, un volume.	1	996.486
1863	Un éventail. — Don de M. E. Kees.	2	642.015
1864	Un bracelet argent avec montre.	1	601.962
1865	Un collier argent doré.	1	888.911
1866	Une coupe lainage.	2	805.159
1867	Une boîte à allumettes argent.	2	784.638
1868	Une boîte à allumettes, Taureaux.	1	575.676
1869	Un globe terrestre.	2	155.094
1870	Une coupe drap.	1	90.352
1871	Une coupe drap.	2	639.376
1872	Un parasol avec table.	1	398.581
1873	Une poignée d'ombrelle. — Don de M. Paul Jossu.	1	810.074
1874	Une poignée d'ombrelle. — Don de M. Paul Jossu.	1	532.909
1875	Un parapluie manche ivoire,	1	249.108
1876	Un abat-jour.	1	565.451

NUMÉROS des lots.	DÉSIGNATION DES LOTS	NUMÉROS GAGNANTS SÉRIES	NUMÉROS GAGNANTS BILLETS
1877	Un parapluie anneau sur argent.	2	147.515
1878	Un service douze couverts.	1	915.202
1879	Un vase.	2	550.248
1880	Un panier garni. — Don de MM. Berthod et Picot.	1	693.846
1881	Une broche argent noir.	2	907.537
1882	Une paire potiches couvertes bleu de Sèvres.	1	693.649
1883	Un groupe terre cuite, Passage du gué.	1	420.421
1884	Une statuette terre cuite, le Marchand de fleurs.	2	41.556
1885	Une statuette terre cuite, le Marchand de chiffons.	1	657.943
1886	Un buste biscuit.	1	315.983
1887	Une coupe porcelaine, décorée or.	2	802.548
1888	Une coupe.	2	515.636
1889	Un tableau terre cuite, Soldat à la couverture.	1	610.820
1890	Un plat faïence grand feu.	1	535.009
1891	Une boîte érable gris et bois de rose.	1	748.248
1892	Un costume lainage.	1	990.317
1893	Un costume lainage.	1	825.001
1894	Un éventail fleurs artificielles. — Don de M. Joguet.	2	789.661
1895	Monument de Gambetta, un volume. — Don de M. André Daly fils.	1	639.379
1896	Monument de Gambetta, un volume. — Don de M. André Daly fils.	1	730.342
1897	Un tabouret de piano peluche.	2	112.193
1898	Une jumelle.	1	433.341
1899	Une jumelle.	2	487.401
1900	Une jumelle.	2	126.482
1901	Un baromètre.	2	657.252
1902	Un baromètre.	1	683.574
1903	Un baromètre 13 lignes	2	978.786
1904	Une canne sculptée.	1	216.017
1905	Un compotier.	1	155.612
1906	Un vase Japon flambé turquoise.	1	782.776
1907	Un coffre-fort céladon plateau.	1	411.642
1908	Une lampe. — Don de M. A. Poulain.	2	551.129
1909	Une lampe. — Don de M. A. Poulain.	2	30.116
1910	Un vase rose et orange émaillé.	2	953.124
1911	Un plat.	1	423.068
1912	Un chapeau de paille.	1	860.892
1913	Un chapeau de paille.	2	509.813
1914	Un émail de Limoges.	2	834.763
1915	Une canne-épée.	1	907.540
1916	Une jumelle 13 lignes.	2	305.768
1917	Une jardinière.	1	30.113
1918	Une assiette porcelaine.	1	802.543
1919	Une assiette porcelaine.	2	43.089
1920	Un nécessaire écaille.	1	278.412
1921	Chien et Chat, un volume.	2	744.178
1922	Un vase émail turquoise.	1	108.558
1923	Une plaque peinte émail Limoges.	2	939.582
1924	Une paire vases fond vert.	1	589.989
1925	Un vase fuseau marbré.	2	140.595
1926	Une chocolatière fond bleu.	1	899.064
1927	Une gravure, le Retour de la pêche.	1	310.311
1928	Un buffet indien.	1	188.788
1929	Un éventail. — Don de M. Duvelleroy.	2	742.583
1930	Un éventail. — Don de M. Levy.	2	451.488
1931	Un en-cas. — Don de M. Falcimaigne.	1	593.307
1932	Un en-cas. — Don de M. Falcimaigne.	2	442.258
1933	Un en-cas. — Don de M. Falcimaigne.	2	112.197
1934	Un en-cas. — Don de M. Falcimaigne.	1	386.206
1935	Un en-cas. — Don de M. Falcimaigne.	2	827.908
1936	Un en-cas. — Don de M. Falcimaigne.	1	335.798
1937	Une douzaine cravates. — Don de M. Her-Paquet.	2	481.094
1938	Une douzaine cravates. — Don de M. Her-Paquet.	2	305.171
1939	Une douzaine cravates. — Don de M. Her-Paquet.	2	235.434
1940	Une chemise soie. — Don de M. Bertholet.	1	959.692

NUMÉROS des lots.	DÉSIGNATION DES LOTS	NUMÉROS GAGNANTS	
		SÉRIES	BILLETS
1941	Un encrier nacre.	2	299.439
1942	Un encrier nacre.	1	365.223
1943	Une ombrelle. — Don de M. Triquet.	2	525.898
1944	Une ombrelle éventail.	1	551.124
1945	Une paire rideaux frangés.	2	578.764
1946	Une carpette fine.	1	89.185
1947	Une carpette fine.	1	887.593
1948	Illustration des œuvres de Victor Hugo (gravures). — Don de M. L. Hébert.	2	253.252
1949	Un coupon cheviotte imperméable.	2	923.987
1950	Une écharpe bleue à franges.	1	982.849
1951	Un châle mérinos. — Don de M. Grandjean et Cie.	2	622.264
1952	Une couverture Ségovie.	2	944.591
1953	Une couverture Ségovie.	2	546.045
1954	Une robe grenadine.	1	558.305
1955	Une robe nouveauté.	2	672.280
1956	Une boîte d'outils.	2	704.256
1957	Une boîte couleurs.	1	725.815
1958	Un modèle de chaise à porteurs en satin.	1	249.364
1959	Une broche.	2	299.433
1960	Une boîte d'outils.	1	775.031
1961	Une boîte forme tonneau.	1	805.160
1962	Une machine à découper.	1	624.491
1963	Une machine à découper.	2	314.957
1964	Un coffret.	2	172.667
1965	Reconnaissance au Maroc, un volume.	2	366.442
1966	Reconnaissance au Maroc, un volume.	2	463.083
1967	Un bracelet.	2	550.244
1968	Hans Holbein, un volume. — Don de M. Quantin.	1	957.629
1969	Un corset national. — Don de M. Davoult.	1	564.420
1970	Un sujet automatique.	2	801.372
1971	Un vase taillé.	2	572.324
1972	Un vase taillé.	2	639.209
1973	Deux petits écrans. — Don de M. Preux.	1	721.780
1974	Une coupe broderie. — Don de M. Lamperierre.	1	454.155
1975	Un porte-cartes celluloïd.	2	121.324
1976	Un porte-cartes celluloïd.	2	220.346
1977	Un plat porcelaine.	2	662.841
1978	Un chevalet.	2	284.562
1979	Une gravure, La Prière du matin.	1	931.999
1980	Une pelote mousseline.	1	490.135
1981	Une fontaine à côtes, Paysans bretons.	2	170.153
1982	Un registre.	2	704.252
1983	Belles épées, un volume. — Don de MM. Boussod, Valadon et Cie.	2	605.215
1984	Une boîte à musique, six airs.	1	905.118
1985	Un jersey plissé.—Don de MM. C. Neyret et Cie.	2	158.835
1986	Un jersey Eiffel.—Don de MM. C. Neyret et Cie.	1	334.601
1987	Un collier argent doré.	2	566.903
1988	Un service de table linge damassé. — Don de MM. Demeux frères.	2	481.098
1989	Deux statuettes, Pierrot et Pierrette.	1	243.176
1990	Un plat genre Palissy.	2	682.607
1991	Une jardinière décorée.	2	824.947
1992	Une jardinière, gerbe d'épis.	2	572.328
1993	Un coffret à bijoux.	2	79.903
1994	Un vase porcelaine.	1	731.973
1995	Un service à thé, six pièces. — Don de la grande chancellerie de Saint-Denis.	1	223.090
1996	Un modèle de char pompadour en satin.	1	671.766
1997	Un manchon skunks.	2	150.716
1998	Un vase.	2	558.543
1999	Un vase.	1	284.561
2000	Une gravure encadrée, le Charlatan. — Don de MM. Boussod, Valadon et Cie.	2	1.012
2001	Un collier argent doré.	1	127.338
2002	Histoire de la Révolution française, neuf volumes.	1	202.199
2003	Histoire de France, 19 volumes.	2	477.369
2004	Un coupon velourspékin.	2	296.548
2005	Un coupon velours.	1	901.872
2006	Un coussin applique peluche rouge.	1	374.518
2007	Une longue-vue 22 lignes.	1	284.569
2008	Une lampe.	2	481.524
2009	Un jonc naturel pomme argent.	2	40.915
2010	Un cabaret.	2	305.177
2011	Un calorifère.	2	187.843
2012	Anthologie des poètes français, deux volumes.	1	756.967
2013	Anthologie des poètes français, deux volumes.	1	629.799
2014	Une ceinture imprimée.	2	112.191
2015	Une ceinture imprimée.	1	600.365
2016	Un coupon toile de soie.	1	580.758
2017	Une coupe peau de soie.	1	517.182
2018	Une jumelle 15 lignes.	2	681.024
2019	Un coupon étoffe japon.	2	760.309
2020	Une salière.	1	379.890
2021	Une salière.	1	792.092
2022	Un appareil à repasser.	1	833.532
2023	Un appareil à repasser.	1	784.637
2024	Un coupon étoffe moscovite.	2	731.980
2025	Vingt-trois paires gants de femme. — Don de MM. Neyret et Cie.	1	269.938
2026	Une montre argent.	1	243.172
2027	Une coupe étoffe pour robe. — Don de MM. Grandjean et Cie.	2	158.837
2028	Une boîte de campagne, pied et chevalet.	1	900.889
2029	Une canne.	1	871.849
2030	Un sujet balançoire.	2	827.902
2031	Un tapis.	2	287.049
2032	Un tapis.	1	501.409
2033	Une boîte à allumettes briquet.	1	17.984
2034	Un carnet de bal en argent nickelé.	1	150.715
2035	Un couvre-pieds duvet, satin.	1	527.104
2036	Un couvre-pieds duvet, satin.	1	1.013
2037	Un vase.	2	995.648
2038	Un vase.	2	525.892
2039	Un macfarlan homme. — Don de MM. Martiny, Vestraët et Cie.	1	982.516
2040	Une terre cuite, Timidité.	2	482.489
2041	Un couteau à papier nacre.	1	881.303
2042	Un rond de serviette argent.	2	835.322
2043	Un rond de serviette argent.	1	223.088
2044	Une cuillère en or.	1	347.482
2045	Une broche et un bracelet.	2	1.667
2046	Société française, un volume.	1	341.467
2047	Une montre en argent de femme.	1	310.319
2048	Une montre or.	1	949.597
2049	Dix volumes. — Don de M. Delalain.	2	715.763
2050	Une jardinière écaille.	1	187.844
2051	Un panneau (armes de Nuremberg).	2	893.712
2052	Un classeur ébène filets cuivre.	1	70.719
2053	Un album en maroquin.	1	725.811
2054	Un revolver d'ordonnance.	2	657.647
2055	Une paire d'épées.	2	253.258
2056	Un œuf polichinelle biscuit blanc.	1	147.518
2057	Un revolver d'ordonnance.	1	844.790
2058	Une rotonde dame.	2	474.092
2059	Un manchon castor canada.	1	500.806
2060	Une robe de baptême. — Don de la grande-chancellerie de Saint-Denis.	2	949.071
2061	Une paire de cadres terre cuite, On ne passe pas.	2	447.119
2062	Une tente d'enfant.	1	573.969
2063	Un parapluie manche bambou.	1	252.558
2064	Un vase.	2	292.198
2065	Un vase.	2	946.700
2066	Une garniture de toilette, n° 633.	2	192.557
2067	Une table.	2	608.827
2068	Une tasse à thé.	1	553.525
2069	Un lorgnon or.	1	861.990

NUMÉROS des lots.	DÉSIGNATION DES LOTS	NUMÉROS GAGNANTS	
		SÉRIES	BILLETS
2070	Un registre caisse, maroquin poli.	1	507.903
2071	Une machine à découper.	2	442.254
2072	Une machine à découper.	1	500.885
2073	Une cassette compas.	1	573.963
2074	Une boîte maroquin pour jeu de wisth.	1	952.532
2075	*Les Mammifères*, un volume,	2	928.263
2076	*Les Mammifères*, un volume.	2	892.919
2077	*Les Mammifères*, un volume.	1	454.153
2078	*Les Mammifères*, un volume.	1	442.251
2079	*Les Mammifères*, un volume.	2	761.771
2080	Une boîte aquarelle.	1	474.740
2081	Une boîte peinture.	1	653.104
2082	Une robe, costume vert.	2	835.217
2083	Une petite console noyer sculpté.	2	374.519
2084	Une petite corbeille noyer sculpté.	1	563.145
2085	Une garniture de fumeur.	2	750.684
2086	Une jardinière sujet enfant.	2	866.448
2087	Un porte-bouquet sujet persan.	1	605.218
2088	Une banne de roses.	1	521.073
2089	Un plateau, *Etang de Lorraine*.	1	581.215
2090	Une coupe porcelaine, tête de femme.	2	982.519
2091	Un petit vase fond gris. — Don de M. Lachenal.	2	150.028
2092	Une paire flambeaux bois corail.	1	796.246
2093	Un vase bleu décor émail et or.	2	530.681
2094	Un pot à tabac ivoire. — Don de M. Henin.	1	483.791
2095	Un album en maroquin poli.	2	474.094
2096	Une coupe pékin soie.	2	573.968
2097	Une pièce cachemire. — Don de M. Poullot.	1	305.832
2098	Une pièce cachemire. — Don de M. Poullot.	1	573.060
2099	Une coupe drap. — Don de M. Poullot.	2	451.885
2100	Une coupe drap. — Drap de M. Poullot.	2	176.435
2101	Une paire cache-pots.	2	433.348
2102	*Expédition de Charles VIII*, un volume.	1	41.551
2103	*Gil Blas*, deux volumes.	1	507.030
2104	Une paire bottines veau verni avec éperons. — Don de M. Coquillot.	1	530.684
2105	Un peigne.	1	196.508
2106	Un sac faïence.	1	258.188
2107	Une canne.	2	481.526
2108	Une canne.	1	9.513
2109	Une canne.	2	442.256
2110	Une fontaine Jean Goujon.	1	771.972
2111	Une toilette Louis XV, sujet fillette.	1	85.651
2112	Un vase décoré.	2	867.111
2113	Une lampe.	1	642.046
2114	Une lampe.	1	207.035
2115	Une lampe.	2	542.918
2116	Une paire vases.	1	761.776
2117	Un écrin trois pièces, *Missel des évangélistes*.	2	756.968
2118	Un coffret à bijoux capitonné.	2	894.683
2119	Un lit oriental verni avec rideaux.	1	420.429
2120	Un veston et gilet de chasse. — Don de M. Roffy.	1	107.151
2121	Une blouse de chasse.	1	840.369
2122	Un vase.	1	827.909
2123	Une choppe.	2	365.221
2124	Une garniture de corsage perles noires.	2	159.782
2125	Un devant de jupe en passementerie.	1	962.499
2126	Un devant de jupe en passementerie.	2	597.683
2127	Une pèlerine passementerie.	1	619.344
2128	Une aiguillette passementerie.	1	308.585
2129	Un bracelet monture or.	2	500.307
2130	Une épingle or.	2	513.798
2131	Une paire de vases émail vert.	2	451.887
2132	Une étagère laquée.	1	305.176
2133	Un panier bijoux.	2	769.812
2134	Une épingle or.	1	146.507
2135	Un lot de photogravures. — Don de M. Georges Balagny.	2	874.216

NUMÉROS des lots.	DÉSIGNATION DES LOTS	NUMÉROS GAGNANTS	
		SÉRIES	BILLETS
2136	Une poupée en chemise,	2	467.860
2137	*Motifs d'ornement*, un volume.	2	314.955
2138	*Motifs d'ornement*, un volume. — Don de M. André Daly fils.	2	56.538
2139	Une cuillère et une fourchette émaillées.	2	364.272
2140	Une pochette.	1	501.200
2141	Un mouchoir dentelle.	2	71.885
2142	Un fourneau garni de six fers.	2	196.000
2143	Un fourneau garni de six fers.	2	796.774
2144	Un fourneau garni de six fers.	1	892.471
2145	Dezobry, *Rome*, un volume.	1	958.357
2146	Un jupon couleur corail. — Don de Mme Bouchet-Dedieu.	2	207.379
2147	Un plat.	2	517.718
2148	Une plaque.	2	388.246
2149	Un piquet de fleurs. — Don de M. A. Petit.	2	683.579
2150	Une paire de boutons de manchettes.	1	900.958
2151	Un coupe-papier imitation.	2	702.465
2152	Un porte-fusil à fourche.	1	867.114
2153	Un album, *Oiseaux*.	1	249.110
2154	Un album, *Oiseaux*.	2	196.501
2155	Mérimée, un volume.	1	56.624
2156	Balzac, un volume.	2	137.002
2157	Un jeu de brosses.	1	517.713
2158	Un tapis de table. — Don de M. P. Duché.	2	235.438
2159	Un coffret carnavalet noyer ciré.	1	442.255
2160	Un vase terre de Lota. — Don de la commission du Chili.	1	901.874
2161	Un vase terre de Lota. — Don de la commission du Chili.	2	623.539
2162	Une machine à découper au pied.	1	789.666
2163	*Danses*, quatre volumes. — Don de M. Durand-Schœnewerk.	2	195.922
2164	Une boîte peluche fleurs.	1	978.781
2165	Une carpette. — Don de M. E. Neveu.	2	147.513
2166	Une parure de fleurs.	1	49.190
2167	Un pistolet merveilleux.	2	481.149
2168	Une sauteuse cuivre et argent.	2	701.656
2169	Objets divers de tabletterie.	2	467.858
2170	Un atlas.	1	535.455
2171	Un globe terrestre.	2	610.811
2172	Un mouchoir. — Don de M. Crouvezier.	1	150.678
2173	Un mouchoir. — Don de M. Crouvezier.	2	1.669
2174	Un éventail.	2	121.827
2175	Un éventail.	1	477.366
2176	Un éventail.	2	564.419
2177	Un coussin aux armes de la ville de Paris. — Don de MM. Richenet et Goulette.	1	739.579
2178	Un vêtement tissu soie. — Don de « India Rubber Gutta Percha and Telegraph Works compagny (the). »	1	159.476
2179	Une descente de lit peau de loup.	1	581.243
2180	Une paire d'écrans à main. — Don de la grande chancellerie de Saint-Denis.	2	627.693
2181	Un gilet roumain.	1	964.848
2182	Un gilet fourré roumain.	1	97.236
2183	Un couvert Renaissance.	9	801.990
2184	Un couvert style Louis XV.	2	408.668
2185	Un mouchoir dentelle.	1	706.800
2186	Une ombrelle. — Don de M. Meurgey et Cie.	2	459.874
2187	Une ombrelle. — Don de M. Meurgey et Cie.	1	119.474
2188	Une ombrelle. — Don de M. Meurgey et Cie.	2	91.028
2189	Une capote officier avec capuchon. — Don de M. Torrilhon.	1	571.638
2190	Un paletot pèlerine avec capuchon. — Don de M. Torrilhon.	1	207.033
2191	Une cuillère spatule argent.	2	856.544
2192	Un service toilette composé de onze pièces.	2	954.884
2193	Un vêtement écossais. — Don de « India Rubber Gutta Percha and Telegraph Works compagny (the). »	2	463.085

NUMÉROS des lots.	DÉSIGNATION DES LOTS	NUMÉROS GAGNANTS	
		SÉRIES	BILLETS
2194	Un cadre photographie.	2	799.885
2195	Un éventail. — Don de M. Ed. Creusy.	2	827.906
2196	Un cadre photographie.	1	593.305
2197	Un éventail. — Don de M. Ed. Creusy.	2	368.831
2198	Un cadre photographie.	1	246.015
2199	Une canne à brochet.	2	253.260
2200	Un pliant nickelé.	2	529.848
2201	Un éventail.	1	270.572
2202	Un éventail.	1	427.477
2203	Une chemise homme brodée or.	2	332.344
2204	Un en-cas.	2	744.176
2205	Un en-cas.	2	624.492
2206	Un en-cas.	1	901.269
2207	Un plat.	1	728.194
2208	Lectures sur la géographie, quatre volumes.	2	395.032
2209	Géographie, quatre volumes.	1	730.348
2210	Un pantéoscope.	2	2.721
2211	Un pantéoscope.	2	341.464
2212	Une face à main.	1	900.831
2213	Une casserole et son couvercle cuivre et argent.	2	484.465
2214	Une canne. — Don de M. Léon Graffeuil.	2	972.949
2215	Une canne.	1	702.468
2216	Une paire de flambeaux.	2	170.704
2217	Un coupon drap noir. — Don de M. Dumortier-Cuignet.	2	855.344
2218	Un régulateur Delft.	1	968.773
2219	Un tapis parisien. — Don de M. Duquesne.	1	96.767
2220	Un tapis parisien. — Don de M. Duquesne.	1	771.016
2221	Une canne-fusil.	1	952.536
2222	Une table marqueterie.	2	972.606
2223	Un service fumeur.	1	863.636
2224	Un service de table, cinquante-deux pièces.	2	693.650
2225	Deux vases plats, taille diamant.	1	325.466
2226	Une boîte aquarelle.	2	760.305
2227	Une boîte à tabac sculptée.	1	492.705
2228	Une boîte aquarelle.	1	381.855
2229	Une boîte à tabac sculptée.	1	235.437
2230	Les Environs de Paris, un volume.	2	62.087
2231	L'Angleterre, un volume.	1	796.779
2232	Un fichu.	1	982.841
2233	Un vase poterie imitation bronze.	2	789.665
2234	Un coupon drap noir. — Don de M. Dumortier-Cuignet.	1	901.876
2235	Un jonc naturel monture argent ciselé.	1	150.672
2236	Un vêtement régent pour dame.	2	962.048
2237	Une machine à découper.	1	801.377
2238	Une machine à découper.	1	532.907
2239	Une machine à découper.	1	347.490
2240	Une boîte aquarelle.	2	85.343
2241	Un nécessaire de bureau.	2	988.428
2242	Une boîte nécessaire de bureau.	1	156.607
2243	Une boîte nécessaire de bureau.	1	641.557
2244	Une boîte nécessaire de bureau.	2	221.629
2245	Un édredon soie.	1	68.758
2246	Un édredon satin.	2	898.918
2247	Un coffret peluche rouge coins argent.	2	972.943
2248	Un tapis.	2	219.363
2249	Un tapis.	1	885.734
2250	Un édredon satin.	1	771.980
2251	Un tapis.	1	231.339
2252	Un tapis.	2	860.350
2253	Un tapis.	1	825.009
2254	Une bibliothèque, sept volumes. — Don de M. Delalain.	2	581.212
2255	Un flacon d'encre pour copier les lettres.	2	959.794
2256	Un édredon.	1	83.736
2257	Un édredon.	2	41.552
2258	Un édredon.	1	600.914

NUMÉROS des lots.	DÉSIGNATION DES LOTS	NUMÉROS GAGNANTS	
		SÉRIES	BILLETS
2259	Un édredon.	1	689.641
2260	Un parapluie.	2	31.613
2261	Un fouet.	1	923.093
2262	Une canne. — Don de M. Léon Graffeuil.	1	30.115
2263	Deux vases (coqs).	2	635.737
2264	Une paire bouts de table.	1	573.965
2265	Un pot à glace.	1	923.095
2266	Un remontoir nickel.	1	846.122
2267	Un plat genre Palissy.	2	640.611
2268	Livre de fortune, un volume.	2	296.550
2269	La Canne de Michelet, un volume.	2	998.136
2270	Le Violon de faïence, un volume.	1	572.321
2271	La Canne de Michelet, un volume.	2	109.626
2272	Le Violon de faïence, un volume.	1	550.249
2273	La Mionette, un volume. — Don de M. Conquet.	1	251.451
2274	Un tableau, Femme guitariste.	1	819.419
2275	Lazarelle de Cornies, un volume.	2	983.472
2276	Un coupon de drap pour costume d'homme.	2	319.022
2277	Un coupon de drap pour costume d'homme.	2	824.949
2278	Une montre argent.	2	709.587
2279	Un parapluie.	1	771.018
2280	Un abat-jour.	2	179.853
2281	Un globe terrestre.	2	765.274
2282	Une canne.	2	988.424
2283	Un plat Briot.	2	487.405
2284	Un vase décor or.	1	756.969
2285	Un vase agathe décor or.	2	401.238
2286	Une broche.	2	562.721
2287	La Canne de Michelet, un volume.	2	179.857
2288	Le Violon de faïence, un volume.	2	509.817
2289	Une lessiveuse avec foyer.	1	180.289
2290	Faust, de Goethe, un volume.	1	40.918
2291	Une rôtissoire arroseuse.	2	629.792
2292	Un médaillon noyer, Oiseau.	2	467.856
2293	Un médaillon noyer, Oiseau.	1	831.734
2294	Une pendule de marine nickelée.	1	229.567
2295	Une théière.	2	316.977
2296	Une théière nickelée relief.	1	70.717
2297	Un vase à fleurs émaillé.	1	789.765
2298	Un verre fleurs émaillé.	1	775.037
2299	Un thermomètre sur glaces.	2	109.624
2300	Une voiture d'enfant. — Don de M. Dutheil.	2	485.581
2301	Un plateau et six verres à liqueur.	1	650.482
2302	Une paire de vases.	1	517.717
2303	Un lustre à veilleuse.	2	533.139
2304	Un compotier blanc et or.	1	495.581
2305	Un sucrier moulé argent.	1	952.510
2306	Un petit service.	1	88.468
2307	Un service à café.	1	282.133
2308	Une montre remontoir acier.	2	765.307
2309	Une timbale argent.	1	954.269
2310	Une casserole et son couvercle, cuivre et argent.	2	860.895
2311	Un plat genre Palissy.	1	635.736
2312	Une pièce dentelle, 5m80.	2	364.274
2313	Une jardinière, faïence décorée.	1	196.521
2314	Une lampe de travail.	1	331.542
2315	Une chemise américaine pour homme.	1	487.406
2316	Une robe cachemire.	2	56.540
2317	Une robe.	1	504.548
2318	Une robe cachemire.	2	481.092
2319	Une robe cachemire.	1	546.555
2320	Une robe.	2	515.632
2321	Une robe.	1	195.997
2322	Une coupe de drap. — Don de MM. Blin et Blin.	1	425.399
2323	Une cassette compas.	1	709.582
2324	A Coups de fusil, un volume.	1	905.661
2325	Un coupon étoffe pour robe.	1	463.090
2326	Un baromètre de poche cadran à jour.	1	85.344

NUMÉROS des lots.	DÉSIGNATION DES LOTS	NUMÉROS GAGNANTS		NUMÉROS des lots.	DÉSIGNATION DES LOTS	NUMÉROS GAGNANTS	
		SÉRIES	BILLETS			SÉRIES	BILLETS
2327	Un baromètre de poche cadran à jour.	1	129.671	2382	Une canne.	2	952.539
2328	Une canne.	2	175.384	2383	Un parapluie.	1	760.304
2329	Un lit articulé matelassé.	1	946.691	2384	Un soufflet. — Don de M. Le Bel Delalande.	1	706.792
2330	Un globe céleste.	2	750.686				
2331	Un grand pantin.	1	915.750	2385	Un chevalet. — Don de M. Le Bel Delalande.	2	116.834
2332	*L'École navale*, un volume.	2	839.063				
2333	*L'Italie du Nord*, un volume.	1	980.452	2386	*Bolivie*, un volume.	1	831.220
2334	*La Hollande à vol d'oiseau*, un volume.	2	835.213	2387	*Bolivie*, un volume.	2	957.624
2335	Une machine à découper.	1	364.271	2388	Une corbeille pour fleurs artificielles.	1	283.526
2336	*Roman d'un jeune homme pauvre*, un volume.	2	911.413	2389	Une corbeille pour fleurs artificielles.	2	159.192
				2390	Une jardinière métal.	2	683.575
2337	Une casserole cuivre et argent.	1	918.519	2391	Une corbeille fleurs artificielles.	1	723.178
2338	Un coffret grand modèle.	1	93.004	2392	Un vase bleu, en terre.	1	795.549
2339	Un service de table.	2	901.877	2393	Un piquet de fleurs. — Don de M. A. Petit.	2	282.136
2340	Un service de table.	2	548.141				
2341	Un cartel six airs.	2	981.628	2394	Un coffret bois, monté argent.	2	31.611
2342	Une vasque.	1	622.261	2395	Un album nacre.	2	234.331
2343	Une montre argent.	1	755.454	2396	*Souvenir du passé*. — Don de M. P. Ruban aîné.	1	978.783
2344	Un sujet imitation peinture.	2	789.576				
2345	Un sujet imitation peinture.	1	368.340	2397	Une machine à découper, à main.	1	187.921
2346	Une pochette de compas.	2	447.115	2398	*Exposition de Paris*, deux volumes.	2	768.684
2347	Une cuillère argent spatule.	1	187.923	2399	*Exposition de Paris*, deux volumes.	1	468.586
2348	Une pochette mathématique.	1	315.987	2400	Une carpette.	2	207.036
2349	*Le Bon Journal*, sept volumes. — Don de MM. Marpon et Flammarion.	1	16.613	2401	Une machine à découper.	2	175.388
				2402	Une machine à découper.	2	411.649
2350	Une bibliothèque d'histoire et d'art, sept volumes.	1	195.999	2403	Une machine à découper, à main.	2	52.620
				2404	Un cabinet espagnol, noyer ciré.	1	909.007
2351	Un vêtement tissu laine. — Don de « India Rubber Gutta Percha and Telegraph Works Compagny (the) ».	1	459.852	2405	*Armes et armures*, un volume.	1	548.148
				2406	*Armes et armures*, un volume.	1	1.015
2352	Un vêtement tissu laine. — Don de « India Rubber Gutta Percha and Telegraph Works Compagny (the) ».	1	74.099	2407	*Armes et armures*, un volume.	1	491.552
				2408	Un coffret à bijoux, fer poli.	1	860.896
2353	Un tableau H. D. — Don de M. Deschamps.	1	566.906	2409	Un coffret à bijoux, fer poli.	2	278.417
				2410	Un coffret à bijoux, fer poli.	1	151.632
2354	Un siège non monté. — Don la grande chancellerie de Saint-Denis.	2	939.590	2411	Un coffret à bijoux, fer poli.	2	495.590
				2412	Un coffret à bijoux, fer poli.	2	459.855
2355	Un écran blanc. — Don de la grande chancellerie de Saint-Denis.	1	474.738	2413	Un coffret à bijoux, fer poli.	1	454.151
				2414	Un coffret à bijoux, fer poli.	1	43.084
2356	Six chemises d'homme. — Don de M. Carré et Cie.	1	892.916	2415	Un coffret à bijoux, fer poli.	2	980.437
				2416	Un coffret à bijoux, fer poli.	2	9.789
2357	Un vêtement fillette. — Don de « India Rubber Gutta Percha and Telegraph Works Compagny (the) ».	2	627.594	2417	Un coffret à bijoux, fer poli.	1	760.310
				2418	Un verrou nickelé.	2	52.639
2358	Un bonnet de dentelle. — Don de M. Franck.	1	11.963	2419	Un verrou nickelé.	1	374.215
				2420	Un verrou nickelé.	1	401.237
2359	Une garniture avec écrin — Don de M. Krogner.	1	56.531	2421	Un verrou nickelé.	1	334.764
				2422	Un verrou nickelé.	1	890.830
2360	Une rotonde pour dame. — Don de M. Torrilhon.	1	639.371	2423	Un verrou nickelé.	1	397.040
				2424	Un verrou nickelé.	1	989.262
2361	Un porte-montre. — Don de M. Eug. Potron.	1	170.154	2425	Un verrou nickelé.	1	485.586
				2426	Un verrou nickelé.	2	507.038
2362	Un porte-montre. — Don de M. Eug. Potron.	1	500.304	2427	Un verrou nickelé.	1	394.745
2363	Un poignard avec gaine.	1	872.324	2428	Un verrou nickelé.	1	263.382
2364	Un poignard avec gaine.	1	580.752	2429	Un verrou nickelé.	1	388.241
2365	Un poignard avec gaine.	2	70.714	2430	Un verrou nickelé.	1	682.604
2366	Un poignard avec gaine.	2	619.345	2431	Un verrou nickelé.	2	529.850
2367	Un appareil photographique. — Don de MM. Dehors et Deslandres.	2	932.000	2432	Un verrou nickelé.	2	578.057
				2433	Un verrou nickelé.	1	401.235
0000	Un appareil photographique. — Don de MM. Dehors et Deslandres.	1	958.467	2434	Un verrou nickelé.	2	964.693
				2435	Un verrou nickelé.	2	74.096
2369	Un vêtement imperméable. — Don de M. Morel.	2	872.827	2436	Un verrou nickelé.	2	243.171
				2437	Un verrou nickelé.	2	748.247
2370	Un vêtement fillette. — Don de M. Morel.	2	356.511	2438	*Contes*, un volume.	2	151.633
2371	Un vêtement fillette. — Don de M. Morel.	2	665.454	2439	*Contes*, un volume.	1	982.544
2372	Un dolman. — Don de M. Morel.	1	454.159	2440	*Contes*, un volume.	2	946.694
2373	Un dolman bleu. — Don de M. Morel.	2	507.811	2441	*Contes*, un volume.	1	459.879
2374	Un costume garçonnet. — Don de MM. C. Neyret et Cie.	2	553.526	2442	*Contes*, un volume.	2	836.377
				2443	*Servitudes militaires*, un volume.	2	187.847
2375	Trente paires mitaines enfant et femme. — Don de MM. C. Neyret et Cie.	2	755.457	2444	*Servitudes militaires*, un volume.	1	591.352
2376	Une chemise dame cachemire festonné.	1	802.545	2445	*Le Fauconnier*, gravure.	1	840.365
2377	Un revolver protecteur.	1	413.321	2446	*Le Départ pour la fantasia*, gravure.		74.004
2378	Un revolver protecteur.	1	550.247	2447	Un tapis mohair.	2	962.042
2379	*L'Écrivain public*, gravure.	1	983.006	2448	Un tapis mohair.	2	558.302
2380	*Le Marais*, d'après Corot, gravure.	2	782.777	2449	*Mon ancien régiment*, gravure.	1	52.632
2381	Une corbeille à gâteaux, en métal.		612.011	2450	Un vide-poches brodé de perles.	1	108.173

NUMÉROS de lots.	DÉSIGNATION DES LOTS	NUMÉROS GAGNANTS		NUMÉROS des lots.	DÉSIGNATION DES LOTS	NUMÉROS GAGNANTS	
		SÉRIES	BILLETS			SÉRIES	BILLETS
2451	Une couverture d'attente marron.	2	1.661	2516	Un grand balai.	2	619.341
2452	Une couverture d'attente bleue.	1	104.909	2517	Un coupon étoffe pour robe, 9m60.	2	689.648
2453	*L'Année terrible*, un volume.	2	756.964	2518	*Esmeralda*, imitation aquarelle encadrée.	2	841.468
2454	*L'Art d'être grand-père*, un volume.	1	899.326	2519	*Gendrillon*, imitation aquarelle encadrée.	2	936.177
2455	Une broche camée et émaux.	1	378.659	2520	Un coupon molleton bleu fin, 4 mètres.	2	504.253
2456	Une broche camée et émaux.	2	294.233	2521	*Chansons de l'Enfant*, un volume.	1	755.458
2457	Une broche camée et émaux.	1	452.783	2522	*Chansons de l'Enfant*, un volume.	1	856.547
2458	Un rond de serviette argent et or.	2	283.524	2523	*Chansons de l'Enfant*, un volume.	2	518.047
2459	Un rond de serviette argent et or.	1	922.246	2524	Une lampe de travail.	2	725.816
2460	Un rond de serviette argent et or.	2	519.663	2525	Un coupon étoffe satin pour robe, 8 mètres.	2	563.146
2461	Une broche camée et émaux en relief.	2	524.369	2526	Une paire de compteurs à sonnerie.	1	591.354
2462	Une broche camée et émaux.	1	379.882	2527	Un sujet émaillé, marine, cadre or et peluche.	1	564.418
2463	Une broche camée et émaux.	1	89.189	2528	Un plumier, deux cases, ébène, filets cuivre.	2	391.247
2464	Une assiette.	1	337.545	2529	Une canne à truite.	2	334.696
2465	Un encrier sujet Japon.	2	481.522	2530	Une jardinière émaillée.	2	701.652
2466	Une bouilloire.	2	268.264	2531	*Chefs-d'œuvre de la littérature*, cinq volumes.	1	172.664
2467	Une canne, tête de matelot.	1	556.120	2532	*Chefs-d'œuvre de la littérature*, cinq volumes.	1	768.685
2468	Une canne, tête de chat.	1	706.597	2533	Un coupon drap fantaisie, 2m40.	2	715.761
2469	Un traité sur l'aquarelle.	2	722.745	2534	Bouinais, *Indo-Chine*, deux volumes.	2	980.453
2470	Un mètre en ivoire.	2	119.479	2535	Une lampe à gaz.	2	835.328
2471	Une boîte de compas.	2	887.896	2536	Une lampe à gaz.	2	479.999
2472	Un album Victoria maroquin.	1	765.310	2537	Bouinais, *Indo-Chine*, deux volumes.	2	563.142
2473	*Promenades japonaises*, un volume.	2	935.057	2538	Un encrier bois.	2	558.306
2474	*Marie-Antoinette*, un volume.	2	955.225	2539	Un porte-cigares rond, décor riche, à musique, deux airs.	1	675.522
2475	Une couverture de coton.	2	926.418	2540	Un baromètre nickelé, avec socle marbré.	2	915.282
2476	Un réchaud argenté et gravé.	2	332.350	2541	Un baromètre nickelé, avec socle marbré.	1	683.576
2477	Un plat.	2	89.186	2542	Un coupon astrakan, 1m80.	1	999.442
2478	Un plat.	1	427.444	2543	Un fourneau double.	2	363.685
2479	Un vase magnolia.	1	121.822	2544	Six paires jarretières. — Don de M. Fayaud.	1	683.550
2480	Un revolver.	2	908.434	2545	Neuf paires bretelles.—Don de M. Fayaud.	1	887.895
2481	Un panier rond doré.	1	923.009	2546	Six paires bretelles.—Don de M. Fayaud.	2	739.541
2482	Un plateau persan.	1	998.135	2547	Six paires bretelles.—Don de M. Fayaud.	2	581.214
2483	Une paire de vases.	2	495.586	2548	Six paires bretelles.—Don de M. Fayaud.	2	573.970
2484	Une pochette cuivre.	1	771.012	2549	Six paires bretelles.	1	338.244
2485	Un porte parapluie.	2	62.085	2550	Une paire mules vernies.	1	43.255
2486	Un carnier gentleman toile.	2	451.889	2551	Une jumelle.	1	665.159
2487	Un médaillon vieux chêne.	2	137.006	2552	Une jumelle.	1	104.907
2488	Un médaillon oiseaux chêne.	1	941.429	2553	Une canne.	1	180.285
2489	Une boîte de couleurs.	2	652.538	2554	Une douzaine et demie d'allume-feux.	2	610.194
2490	Une taie d'oreiller brodée. — Don de Mme veuve Benjamen.	2	690.913	2555	Une grande carte des chemins de fer de l'Europe.	2	159.784
2491	Une écharpe dentelle. — Don de MM. Lenique, Piquet et Cie.	1	525.893	2556	Une grande carte des chemins de fer de l'Europe.	2	693.847
2492	Une écharpe dentelle. — Don de MM. Lenique, Piquet et Cie.	1	901.265	2557	Une grande carte des chemins de fer français.	1	962.078
2493	Une cravache.	2	831.243	2558	Une grande carte des chemins de fer français.	2	192.551
2494	Daudet, *Contes*, un volume.	2	775.036	2559	Une montre nickel, mouvement à ancre.	1	765.279
2495	Vigny, *Servitude*, un volume.	2	856.546	2560	Un coupon drap noir 2m75. — Don de M. Dumortier-Coignet.	2	653.440
2496	*L'Invalide*, un volume. — Don de M. Baschet.	1	953.125	2561	Bainier, *Géographie de l'Afrique*, un volume.	2	641.558
2497	Darwin, deux volumes. — Don de M. Reinwald.	1	808.055	2562	Bainier, *Géographie de l'Afrique*, un volume.	1	844.782
2498	Une applique à gaz, genouillère. — Don de M. Sevin.	2	504.268	2563	Bainier, *France*, un volume.	2	432.023
2499	Darwin, deux volumes. — Don de M. Reinwald.	1	683.572	2564	Bainier, *France*, un volume.	2	642.017
2500	Une statuette Nuremberg.	2	964.842	2565	Un coupon d'étoffe de 3 mètres.	2	760.801
2501	Un globe terrestre.	1	893.715	2566	Un coupon d'étoffe de 3 mètres.	1	195.993
2502	Une valise. — Don de M. Gonzalez.	2	957.054	2567	Un coupon d'étoffe de 3 mètres.	1	689.643
2503	Une broche.	2	607.568	2568	Douze paires sous-bras. — Don de M. Fayaud.	1	453.998
2504	Un plumeau boule de neige.	2	83.739	2569	Onze paires sous-bras. — Don de M. Fayaud.	1	140.594
2505	Une canne bambou.	1	170.708	2570	Neuf paires sous-bras. — Don de M. Fayaud.	1	748.242
2506	Un fauteuil cintré rotin avec bandes rouges et vertes.	1	885.736	2571	Douze paires sous-bras. — Don de M. Fayaud.	1	989.479
2507	Un théâtre d'enfant avec acteurs.	2	489.144				
2508	Un châle.	2	79.905				
2509	Une visite fourrure.	2	283.527				
2510	Une face à main or et émail.	2	808.056				
2511	Une face à main or et émail.	1	207.880				
2512	Une presse à levier.	2	546.560				
2513	Un ulster pour homme, tissu laine à carreaux. — Don de M. Fayaud.	1	305.765				
2514	Un grand balai.	1	958.355				
2515	Un vêtement imperméable.	2	762.463				

NUMÉROS des lots.	DÉSIGNATION DES LOTS	NUMÉROS GAGNANTS SÉRIES	NUMÉROS GAGNANTS BILLETS
2572	Douze paires sous-bras. — Don de M. Fayaud.	1	912.479
2573	Onze paires sous-bras. — Don de M. Fayaud.	2	427.441
2574	Une jumelle.	1	546.050
2575	Douze paires sous-bras. — Don de M. Fayaud.	1	796.773
2576	Douze paires sous-bras. — Don de M. Fayaud.	2	525.894
2577	Dix-huit paires sous-bras. — Don de M. Fayaud.	1	546.048
2578	Six paires jarretières. — Don de M. Fayaud.	1	483.793
2579	Six paires jarretières. — Don de M. Fayaud.	2	147.517
2580	Quatre paires jarretières. — Don de M. Fayaud.	2	639.207
2581	Six paires jarretières. — Don de M. Fayaud.	2	998.140
2582	Un lit articulé toile.	2	825.004
2583	Une aiguière cuivre rouge.	2	159.475
2584	Un thermomètre verni avec socle marbré.	1	765.306
2585	*Plantes des champs et des bois*, un volume.	2	844.785
2586	*Plantes des champs et des bois*, un volume.	1	295.806
2587	Une jumelle artillerie 10 lignes, sac peluche.	2	378.656
2588	*Plantes des champs et des bois*, un volume.	2	507.034
2589	*Romans champêtres*, deux volumes.	1	524.366
2590	Une pièce cachemire des Indes.	1	941.600
2591	Une pièce cachemire des Indes.	2	573.966
2592	Un nécessaire, vingt-quatre porte-mine.	2	187.928
2593	Un nécessaire, vingt-quatre porte-mine.	2	970.567
2594	Un panneau bronze sujet Teniers.	1	278.420
2595	Un panneau bronze sujet Teniers.	1	442.253
2596	Un cache-pot camaïeu.	2	905.666
2597	Un cache-pot camaïeu.	1	219.370
2598	Un coupon flanelle rayée.	1	900.837
2599	Un coupon flanelle rayée.	1	201.850
2600	Un abat-jour. — Don de M. Henry.	1	374.217
2601	Un costume carreaux.	2	831.211
2602	Un costume rayures.	1	989.264
2603	Un petit Français (balançoire). — Don de M. Ch. Lamare.	2	453.993
2604	Une plaque de cou.	1	721.778
2605	Une broche.	1	911.416
2606	Un globe terrestre.	1	960.770
2607	*Contes*, un volume.	1	71.882
2608	*Le Conte de l'archer*, un volume.	2	314.953
2609	*Le Conte de l'archer*, un volume.	2	846.129
2610	*Contes de fées*, un volume.	2	728.199
2611	*Contes de fées*, un volume.	2	74.100
2612	*En campagne*, un volume.	1	716.235
2613	Un coupon d'étoffe.	1	959.795
2614	Un coupon d'étoffe.	2	368.337
2615	Un coupon d'étoffe.	1	952.534
2616	Un coupon d'étoffe.	2	972.947
2617	Un coupon pour trois gilets.	2	968.422
2618	Un coupon pour trois gilets.	1	296.545
2619	Une cheminée, l'Elégante.	2	999.445
2620	Une cheminée, l'Elégante.	1	996.484
2621	Un canapé.	2	137.008
2622	Un canapé.	2	768.688
2623	Une canne à pêche.	2	158.831
2624	Une cravache.	1	108.175
2625	Un stick.	2	512.914
2626	Un tapis velours jute brodé.	1	243.178
2627	Un sous-main nécessaire.	1	518.046
2628	Une boîte fantaisie riche.	2	581.220
2629	Une boîte fantaisie riche.	2	890.823
2630	Une boîte fantaisie riche.	2	868.278
2631	Une boîte fantaisie riche.	1	805.154
2632	Un plateau, paysage.	2	474.739
2633	Un plateau, paysage.	1	573.678
2634	Une coupe fleurs émaillé.	2	909.006
2635	Une coupe fleurs émaillé.	1	359.564
2636	Une longue-vue marine.	2	570.400
2637	Un microscope.	2	959.800
2638	Un microscope.	2	652.534
2639	Un microscope.	1	518.847
2640	Un microscope.	1	305.763
2641	Un vase étrusque.	2	150.677
2642	Un vase étrusque.	1	482.490
2643	Un vase étrusque,	1	533.186
2644	Un vase étrusque.	1	622.263
2645	Une guitare andalouse, dentelle crème. — Don de MM. Le Bas père et fils.	1	385.800
2646	Une assiette.	1	789.670
2647	Une assiette.	1	43.253
2648	Un plat.	2	504.262
2649	*Dictionnaire des Architectes*, un volume. — Don de M. André Daly fils.	1	739.548
2650	*Dictionnaire des Architectes*, un volume. — Don de M. André Daly fils.	1	420.423
2651	Une cafetière, l'Expéditive, nickelée.	2	107.155
2652	*Les jolies Chansons du pays de France*, un volume. — Don de M. Plon, Nourrit et Cie.	1	856.541
2653	Un réchaud à gaz. — Don de MM. Bugnod et Garnier.	1	627.700
2654	Une corbeille de fruits. — Don de M. Alberti.	1	748.246
2655	*Œuvres de Bouguereau*, un volume.	1	459.858
2656	*Jérusalem*, un volume.	1	627.591
2657	*Jérusalem*, un volume.	2	107.151
2658	*Mémoire sur la Défense de Paris*, un volume.	1	309.974
2659	*Vicaire*, un volume.	2	665.152
2660	*Mémoire sur la Défense de Paris*, un volume.	1	990.315
2661	Un coupon de drap pour pardessus.	1	167.404
2662	*Jérusalem*, un volume.	1	805.156
2663	*Jérusalem*, un volume.	2	739.549
2664	*Vicaire*, un volume.	1	270.905
2665	*Vicaire*, un volume.	1	682.608
2666	*Vicaire*, un volume.	2	895.362
2667	*En Campagne*, un volume.	1	334.693
2668	*Vicaire*, un volume.	2	85.658
2669	*En Campagne*, un volume.	1	68.085
2670	*En Campagne*, un volume.	1	129.677
2671	*Gulliver*, un volume.	1	802.547
2672	*Gulliver*, un volume.	1	296.541
2673	*Gulliver*, un volume.	1	12.692
2674	*Gulliver*, un volume.	2	665.629
2675	*Gulliver*, un volume.	1	175.881
2676	*Chefs-d'œuvre de la sculpture au musée du Louvre*, un volume.	1	575.674
2677	*Chefs-d'œuvre de la sculpture au musée du Louvre*, un volume.	1	427.446
2678	*Chefs-d'œuvre de la sculpture au musée du Louvre*, un volume.	1	137.004
2679	*En campagne*, un volume.	1	623.534
2680	*En campagne*, un volume.	2	562.723
2681	Un coupon d'étoffe pour complet homme.	1	150.027
2682	Un coupon d'étoffe pour complet homme.	1	721.776
2683	Un coupon drap pour costume.	2	581.213
2684	Un coupon drap pour costume.	2	846.128
2685	Un coupon d'étoffe pour robe.	2	856.550
2686	Perrault, *Contes de fées*, un volume.	2	454.158
2687	Perrault, *Contes de fées*, un volume.	2	796.249
2688	Perrault, *Contes de fées*, un volume.	1	627.694
2689	Un coupon drap pour pardessus.	2	96.764
2690	Un *Traité de la composition de l'ornement des jardins*.	2	463.089
2691	Un *Traité de la composition de l'ornement des jardins*.	2	339.067
2692	Un coussin. — Don de M. Clair-Leproust.	2	507.819
2693	Un coussin. — Don de M. Clair-Leproust.	1	275.757
2694	Un coussin. — Don de M. Clair-Leproust.	1	41.559

NUMÉROS des lots	DÉSIGNATION DES LOTS	NUMÉROS GAGNANTS		NUMÉROS des lots	DÉSIGNATION DES LOTS	NUMÉROS GAGNANTS	
		SÉRIES	BILLETS			SÉRIES	BILLETS
2695	Un coupon étoffe oxford.	2	923.983	2758	Une pochette compas.	1	702.464
2696	Un tapis de table. — Don de M P. Duché.	1	121.824	2759	Une table de paysagiste. — Don de M. E. Picart.	1	966.284
2697	Un tapis de table. — Don de M. P. Duché.	2	585.885	2760	*Le Vicaire de Wakefield*, un volume.	1	108.560
2698	Un coupon étoffe oxford, 14 mètres.	2	170.708	2761	*Gulliver*, un volume.	2	782.773
2699	Une pèlerine drap bleu.	2	223.089	2762	*Histoire de l'école de Saint-Cyr*, un volume.	1	972.944
2700	Une robe mérinos.	2	653.436	2763	*Histoire de l'école de Saint-Cyr*, un volume.	1	481.525
2701	Un coupon drap 2m40.	2	923.985	2764	*Histoire de l'école de Saint-Cyr*, un volume.	2	600.364
2702	Un coupon étoffe pour costume. — Don de MM. Dugué-Penicaud et Cie.	2	515.634	2765	*Histoire de l'école de Saint-Cyr*, un volume.	1	359.570
2703	Un coupon étoffe pour costume.	2	789.768	2766	OEuvres de Bouguereau, un volume.	1	619.348
2704	Un coupon étoffe pour costume.	1	504.542	2767	*Dictionnaire d'histoire et de géographie*, deux volumes.	1	49.182
2705	Un coupon drap pour pardessus.	2	561.242	2768	*Dictionnaire d'histoire et de géographie*, deux volumes.	1	622.267
2706	Un coupon drap pour pardessus.	1	454.000	2769	Michelet, *l'Oiseau*, un volume.	2	301.482
2707	Un coupon drap pour pardessus.	2	553.522	2770	Michelet, *l'Oiseau*, un volume.	2	96.762
2708	Un coupon drap pour pardessus.	2	504.543	2771	Michelet, *l'Oiseau*, un volume.	2	309.977
2709	Un coupon drap pour pardessus.	1	915.746	2772	Michelet, *l'Insecte*, un volume.	2	477.365
2710	*Les Oiseaux*, un volume.	2	359.569	2773	Michelet, *l'Insecte*, un volume.	2	962.044
2711	*Les Oiseaux*, un volume.	1	400.755	2774	Michelet, *l'Insecte*, un volume.	2	795.544
2712	*Vie rustique*, un volume.	1	89.187	2775	*Jeanne d'Arc*, un volume.	1	504.260
2713	*Vie rustique*, un volume.	2	85.652	2776	*Jeanne d'Arc*, un volume.	1	121.321
2714	*Peintres militaires*, un volume.	2	589.934	2777	*Jeanne d'Arc*, un volume.	2	926.412
2715	*Paul et Virginie*, un volume.	1	563.149	2778	Un bébé habillé.	1	957.625
2716	*Les Oiseaux*, un volume.	1	564.416	2779	*Origines de la porcelaine*, un volume.	1	769.819
2717	*Vie rustique*, un volume.	2	451.482	2780	*Amateurs de l'ancienne France*, un volume.	1	905.663
2718	*Vieux Paris*, un volume.— Don de MM. Alf. Mame et fils.	1	170.160	2781	*Précurseurs de la Renaissance*, un volume.	1	91.025
2719	*Vieux Paris*, un volume.— Don de MM. Alf. Mame et fils.	2	562.725	2782	Deux foulards. — Don de M. Bourgeois.	2	79.907
2720	*Vieux Paris*, un volume.— Don de MM. Alf. Mame et fils.	1	938.137	2783	Un châle. — Don de M. Bourgeois.	1	949.591
2721	*Vieux Paris*, un volume.	2	827.904	2784	Douze devants de chemise. — Don de M. Louvet.	1	570.393
2722	*Vieux Paris*, un volume.	1	872.326	2785	Douze devants de chemise. — Don de M. Louvet.	2	268.266
2723	*Vieux Paris*, un volume.	1	2.537	2786	Douze devants de chemise. — Don de M. Louvet.	2	548.145
2724	*Vieux Paris*, un volume.	2	447.113	2787	Douze devants de chemise. — Don de M. Louvet.	2	489.146
2725	*Vieux Paris*, un volume.	2	593.302	2788	Douze devants de chemise. — Don de M. Louvet.	1	397.034
2726	Un coussin. — Don de M. Clair-Leproust.	2	196.507	2789	Douze devants de chemise. — Don de M. Louvet.	2	305.839
2727	Un parapluie.	1	190.131	2790	Douze devants de chemise. — Don de M. Louvet.	2	978.788
2728	Une couverture laine. — Don de M. Le Bel Delalande.	2	52.633	2791	Douze devants de chemise. — Don de M. Louvet.	2	167.409
2729	Une aiguière et cuvette, avec grille, en laiton poli.	2	93.005	2792	Douze devants de chemise. — Don de M. Louvet.	1	68.089
2730	*Dictionnaire d'histoire zoologique*, un volume.	2	624.961	2793	Douze devants de chemise. — Don de M. Louvet.	2	477.367
2731	*Dictionnaire d'histoire zoologique*, un volume.	2	9.512	2794	Douze devants de chemise. — Don de M. Louvet.	1	857.778
2732	Un jeu de guides pour enfants.	2	996.489	2795	Douze devants de chemise. — Don de M. Louvet.	2	844.783
2733	*Gloires militaires*, un volume.	1	836.376	2796	Un jeu de crocket façon bambou.	1	287.046
2734	*Gloires militaires*, un volume.	1	408.667	2797	Une boîte à bijoux.— Don de M. Henry.	2	825.006
2735	*Gloires militaires*, un volume.	1	750.687	2798	Un éventail. — Don de M. Henneguy.	2	366.446
2736	*Gloires militaires*, un volume.	1	474.099	2799	Un parapluie.	2	85.345
2737	Un portefeuille.	1	52.613	2800	Un parapluie.	1	316.978
2738	Un porte-mine or.	2	305.835	2801	Un plat décoratif.	2	52.618
2739	Une sangle mexicaine en soie. — Don de M. E. Nevou.	1	868.279	2802	Une canne bambou béquille argent.	2	768.745
2740	Une sangle mexicaine en soie. — Don de M. E. Neveu.	2	492.710	2803	Un parapluie.	2	252.551
2741	*En Campagne*, un volume.	1	964.698	2804	Une lanterne magique et ses verres.	2	1.018
2742	*Gloires militaires*, un volume.	1	705,338	2805	Un manchon.	1	959.638
2743	*Vieux Paris*, un volume.	2	716.236	2806	Un manchon.	2	607.564
2744	*Vieux Paris*, un volume.	1	1.017	2807	Un manchon.	1	548.142
2745	*Vieux Paris*, un volume.	2	85.349	2808	Une rotonde cintrée mérinos. — Don de MM. Torrilhon et Cie.	1	207.037
2746	*Vieux Paris*, un volume.	1	335.033	2809	Un collier.	2	483.794
2747	*Vieux Paris*, un volume.	2	331.545	2810	Un collier.	1	168.877
2748	Guizot, *Histoire de France*, cinq volumes.	2	270.571	2811	Un manchon.	2	706.793
2749	Michelet, *l'Oiseau*, un volume.	1	683.580	2812	Une canne.	2	223.083
2750	Michelet, *l'Oiseau*, un volume.	1	282.131				
2751	Une paire d'appliques bois de cerf.	2	709.581				
2752	Un petit pot en argent.	1	716.233				
2753	Un petit pot en argent.	2	995.650				
2754	Un lot de six volumes. — Don de M. Delalain.	2	432.027				
2755	Une bourriche, *Pensées*.	1	683.557				
2756	Une machine à cigarettes.	1	93.010				
2757	Une machine à cigarettes.	2	482.487				

Numéros des lots.	Désignation des lots	Numéros gagnants — Séries	Numéros gagnants — Billets
2813	Une canne.	1	957.698
2814	Une cafetière porcelaine.	1	221.628
2815	Une cafetière porcelaine.	1	892.479
2816	Une cafetière porcelaine.	1	872.328
2817	Une cafetière porcelaine.	2	901.264
2818	Une cafetière porcelaine.	1	716.239
2819	Une cafetière porcelaine.	1	131.019
2820	Une cafetière porcelaine.	2	954.885
2821	Une cafetière porcelaine.	2	755.451
2822	Une cafetière porcelaine.	1	361.009
2823	Une cafetière porcelaine.	2	871.844
2824	Une cafetière porcelaine.	1	970.568
2825	Peau de mouton pour confection.	2	928.269
2826	Un coupon 7 mètres de drap.	1	196.527
2827	Un coupon 7 mètres de drap.	1	669.313
2828	Un coupon 7 mètres de drap.	1	895.361
2829	Un coupon drap pour complet.	1	474.095
2830	Un coupon drap pour complet.	1	981.625
2831	Un coupon lainage pour costume. — Don de M. Clovis Stavaux.	1	784.633
2832	Un coupon lainage pour costume. — Don de M. Clovis Stavaux.	2	704.260
2833	Un coupon lainage pour costume.	1	591.358
2834	Un coupon lainage pour costume.	2	739.572
2835	Un globe céleste.	2	835.330
2836	Un compteur de poche.	1	325.463
2837	Une paire de compteurs à sonnerie.	2	487.407
2838	Un lot serviettes indispensables papier Japon.	2	909.838
2839	Une pochette compas cuivre.	2	995.113
2840	Un plateau cuivre argenté gravé, Berger.	1	296.549
2841	Un tableau, Bords de la Seine.	1	652.533
2842	Une couronne de fleurs en porcelaine.	2	885.737
2843	Un tapis velours jute brodé.	2	52.616
2844	Un coupon nouveauté pour robe 3m 60.	1	156.601
2845	Un coupon nouveauté pour robe 3m 60.	2	863.274
2846	Un couteau à papier émaillé.	1	693.650
2847	*Van Dyck*, un volume.	1	196.502
2848	Un vide-poche.	2	610.815
2849	Un vide-poche.	1	270.578
2850	Un coupon lainage.	2	739.543
2851	Un coupon lainage.	1	906.286
2852	Un coupon étoffe pour robe.	1	765.302
2853	Un coupon étoffe pour robe.	1	478.049
2854	Un planisphère.	2	657.942
2855	Un planisphère.	1	957.623
2856	*Bastien Lepage*, un volume.	1	610.885
2857	Œuvres de Tassaert, un volume.	1	629.705
2858	Œuvres de Tassaert, un volume.	1	985.054
2859	Une canne à saumon.	2	760.798
2860	Une étagère pieds dorés.	2	650.489
2861	Un imperméable, fillette. — Don de MM. Martiny, Vestraët et Cie.	2	968.780
2862	Une broderie pour chaise.	1	682.606
2863	Une broderie pour chaise.	1	223.082
2864	Une broderie pour chaise.	2	155.615
2865	Une broderie pour chaise.	1	74.093
2866	Une plante artificielle.	1	949.072
2867	Une plante artificielle.	1	888.913
2868	Deux volumes.	2	900.814
2869	Un coupon 2m20 de drap.	1	593.301
2870	Un coupon 2m20 de drap.	2	563.150
2871	Un nécessaire de campagne. — Don de M. Augerant.	2	548.147
2872	Une malle bombée grise. — Don de M. René Arthus.	2	857.777
2873	Une malle. — Don de M. Coulembier.	2	295.801
2874	Un tableau, *Papillon*. — Don de M. J. Ballen.	1	989.587
2875	Un tableau papillon. — Don de M. J. Ballen.	2	690.915
2876	Une pèlerine drap bleu.	2	222.074
2877	Une matinée soie rose. — Don de la grande chancellerie de Saint-Denis.	2	79.800
2878	Un siège non monté. — Don de la grande chancellerie de Saint-Denis.	1	480.000
2879	Un écran non monté fond rouge. — Don de la grande chancellerie de Saint-Denis.	2	305.770
2880	Une pèlerine officier capuchon.	2	553.530
2881	Un bon pour un corset sur mesure. — Don de Mme Thérèse Fedou.	1	537.464
2882	Cinq paires de guêtres pour enfants. — Don de MM. C. Neyret et Cie.	1	43.088
2883	*Histoire de Paris*, un volume.	2	608.825
2884	*Histoire de Paris*, un volume.	2	532.903
2885	Douze mouchoirs.	2	845.462
2886	Douze mouchoirs.	2	768.690
2887	Douze mouchoirs.	1	81.727
2888	Douze mouchoirs.	2	593.308
2889	*Figaro Exposition*, un volume.	1	263.890
2890	*Figaro Exposition*, un volume.	2	922.219
2891	*Figaro Exposition*, un volume.	2	96.770
2892	*Figaro Exposition*, un volume.	2	801.374
2893	*Figaro Exposition*, un volume.	2	517.714
2894	Un coupon molleton bleu marine.	2	953.130
2895	Un éventail. — Don de M. E. Kees.	1	201.844
2896	Un éventail. — Don de M. E. Kees.	2	251.456
2897	*Histoire de la littérature*, deux volumes.	1	573.961
2898	Un fauteuil noir.	2	518.045
2899	Un calorifère émaillé.	2	88.463
2900	*A travers l'Asie Centrale*, un volume. — Don de MM. Plon, Nourrit et Cie.	2	591.351
2901	Douze mouchoirs.	2	434.469
2902	Douze mouchoirs.	2	408.664
2903	Douze mouchoirs.	1	2.722
2904	Douze mouchoirs.	1	845.463
2905	*Histoire de la littérature*, deux volumes.	2	388.250
2906	*L'Empereur Guillaume*, un volume.	1	646.065
2907	*L'Empereur Guillaume*, un volume.	1	485.590
2908	*L'Empereur Guillaume*, un volume.	1	89.181
2909	Douze mouchoirs.	2	337.550
2910	Douze mouchoirs.	1	177.110
2911	Douze mouchoirs.	2	591.350
2912	Douze mouchoirs.	1	954.285
2913	Un vêtement Richelieu pour dame.	2	308.586
2914	Une caisse de 12 bouteilles de vin. — Don de M. Reignier.	2	379.889
2915	Une caisse de 12 bouteilles de vin. — Don de M. Reignier.	2	895.370
2916	Une caisse de 12 bouteilles de vin. — Don de M. Reignier.	1	562.730
2917	Une caisse de 12 bouteilles de vin. — Don de M. Reignier.	1	31.618
2918	Une caisse de 12 bouteilles de vin. — Don de M. Reignier.	1	415.564
2919	Une caisse de 12 bouteilles de vin. — Don de M. Reignier.	1	507.901
2920	Une caisse de 12 bouteilles de vin. — Don de M. Reignier.	2	825.008
2921	Une caisse de 12 bouteilles de vin. Don de M. Reignier.	1	928.266
2922	Une caisse de 12 bouteilles de vin. — Don de M. Reignier.	1	170.158
2923	Une caisse de 12 bouteilles de vin. — Don de M. Reignier.	1	366.445
2924	Une caisse de 12 bouteilles de vin. — Don de M. Reignier.	1	176.436
2925	Une caisse de 12 bouteilles de vin. — Don de M. Reignier.	1	671.764
2926	Trois maillots. — Don de M. Geoffroy-Damoiseau.	2	16.614
2927	Un vêtement imperméable pour dame. — Don de M. Fayaud.	1	11.967
2928	Un coupon étoffe pour robe.	1	190.139
2929	Une canne.	2	68.751
2930	*Le Code français*, un volume.	2	928.267
2931	*Le Code français*, un volume.	2	374.513
2932	Un coupon étoffe pour robe fond loutre.	2	518.041
2933	Un coupon étoffe pour robe fond grenat.	1	845.465

NUMÉROS des lots	DÉSIGNATION DES LOTS	SÉRIES	BILLETS
2934	Une cage chalet.	2	775.032
2935	Un fichu.	2	258.181
2936	Un coupon drap.	2	361.008
2937	Un coupon drap fantaisie.	1	108.554
2938	Un globe terrestre.	1	995.641
2939	Contes populaires de la Gascogne, trois volumes.	1	331.544
2940	Poésies populaires de la Gascogne, un volume.	1	860.845
2941	Une boîte aquarelle.	2	223.084
2942	Une poignée en ivoire.	2	833.557
2943	Une poignée en ivoire.	1	895.365
2944	Un coupon drap pour complet.	1	641.553
2945	Un coupon drap pour complet.	1	907.534
2946	Une canne à truites.	1	146.505
2947	Histoire de la civilisation française, trois volumes.	1	397.038
2948	Histoire de la civilisation française, trois volumes.	2	501.101
2949	La France coloniale, un volume.	2	826.141
2950	La France coloniale, un volume.	1	690.912
2951	Une boîte palissandre uni, écusson, douze pastels.	1	765.304
2952	Une boîte de couleurs. — Don de M. Bourgeois aîné.	2	203.489
2953	Une table. — Don de MM. Villain et Cie.	1	504.544
2954	Un coupon pour robe.	2	308.590
2955	Une jumelle.	2	585.006
2956	Une carte de l'Europe.	1	571.636
2957	Une carte de l'Europe.	2	756.966
2958	Histoire de la civilisation française, trois volumes.	1	769.815
2959	Histoire de la civilisation française, trois volumes.	2	159.200
2960	Histoire de la civilisation française, trois volumes.	1	451.888
2961	Histoire de la civilisation française, trois volumes.	2	316.979
2962	Histoire de la civilisation française, trois volumes.	1	85.057
2963	Une boîte à allumettes.	1	292.197
2964	Une boîte à allumettes.	2	413.322
2965	Une boîte à allumettes.	1	29.263
2966	Une boîte à allumettes.	1	765.308
2967	Une boîte à allumettes.	2	796.247
2968	Un coupon de drap. — Don de MM. Blin et Blin.	1	597.682
2969	Un coupon de drap. — Don de MM. Blin et Blin.	2	472.665
2970	Etudes d'après les grands maîtres, un volume.	1	808.588
2971	Etudes d'après les grands maîtres, un volume.	2	40.913
2972	Un Album des bêtes.	1	491.560
2973	Un Album des bêtes.	2	358.470
2974	Une boîte de composition.	2	831.215
2975	Une cafetière « l'Excellente », nickelée, deux tasses.	2	819.418
2976	Un pèse-lettres.	2	494.887
2977	Un corset. — Don de M. Farcy.	2	560.882
2978	Un corset. — Don de M. Farcy.	2	43.258
2979	Un corset. — Don de M. Farcy.	2	983.007
2980	Un corset. — Don de M. Farcy.	1	434.470
2981	Un corset. — Don de M. Farcy.	2	9.787
2982	Un corset. — Don de M. Farcy.	2	172.661
2983	Un corset. — Don de M. Farcy.	1	988.427
2984	Un corset. — Don de M. Farcy.	1	824.944
2985	Un corset. — Don de M. Farcy.	1	808.051
2986	Un corset. — Don de M. Farcy.	1	912.473
2987	Une canne.	1	172.666
2988	Une poignée de parapluie en ivoire.	2	809.975
2989	Une poignée de parapluie en ivoire.	2	653.432
2990	Une poignée de parapluie en ivoire.	2	780.667
2991	Une poignée de parapluie en ivoire.	2	216.014
2992	Une poignée de parapluie en ivoire.	2	619.349
2993	Géographie de la France, un volume.	1	802.914
2994	Géographie de la France, un volume.	1	365.222
2995	Une cafetière « l'Expéditive », nickelée, deux tasses.	1	941.594
2996	Une médaille d'argent.	1	450.871
2997	Une médaille d'argent.	2	899.321
2998	Une médaille d'argent.	1	81.101
2999	Une médaille d'argent.	2	537.461
3000	Un collier.	2	683.554
3001	Le Jugement dernier, un volume.	1	158.838
3002	Daumier, un volume.	1	177.117
3003	Une canne couteau de chasse.	2	548.143
3004	Une canne épée.	2	578.768
3005	Croquis maritimes illustrés, un volume.	1	411.646
3006	Croquis maritimes illustrés, un volume.	2	585.887
3007	Croquis maritimes illustrés, un volume. — Don de MM. Bar et Lecoq.	1	857.776
3008	Une enveloppe de voyage.	2	982.511
3009	Un sac touriste.	2	953.265
3010	Un mouchoir brodé.	1	1.668
3011	Un mouchoir brodé.	2	317.542
3012	Un mouchoir brodé.	2	91.024
3013	Une cafetière « Expéditive » nickelée.	2	467.852
3014	Une cafetière « Expéditive » nickelée.	2	846.121
3015	Les Veillées noires, un volume.	1	309.976
3016	Les Veillées noires, un volume.	2	931.992
3017	Les Veillées noires, un volume.	2	834.190
3018	Un télégraphe Breguet (jouet).	2	683.552
3019	Tannhauser, partition.	2	966.283
3020	Rienzi, partition.	2	500.888
3021	Un foyer fumivore.	2	9.783
3022	Rienzi, partition.	2	989.269
3023	Tannhauser, partition.	2	831.700
3024	Connaissances utiles, cinq volumes.	1	85.846
3025	Connaissances utiles, cinq volumes.	1	156.603
3026	Connaissances utiles, cinq volumes.	1	179.856
3027	Connaissances utiles, cinq volumes.	2	196.505
3028	Un sac touriste.	2	474.781
3029	Une statuette, Baigneuse, d'après Falconet, terre cuite.	2	899.320
3030	Un plat carré, Chiens et paysans.	1	953.264
3031	Une chaise noire.	2	846.127
3032	Un carnier de chasse.	2	789.764
3033	Un carnier de chasse.	1	304.743
3034	Un carnier de chasse.	2	655.351
3035	Un globe terrestre 1/2 méridien.	1	585.890
3036	Un globe terrestre 1/2 méridien.	2	296.544
3037	Une trousse garnie.	1	760.799
3038	La Forêt, un volume.	2	104.908
3039	Daumier, un volume.	2	500.886
3040	Le Cambodge, deux volumes.	1	487.403
3041	Les Deux francs, un volume.	1	477.868
3042	Un cadre ovale.	1	56.537
3043	Un remontoir nickelé.	2	949.598
3044	Un remontoir nickelé.	2	151.637
3045	Un remontoir nickelé.	2	146.510
3046	Un remontoir nickelé.	1	280.849
3047	Un remontoir nickelé.	2	939.584
3048	Un remontoir nickelé.	2	994.084
3049	Un remontoir nickelé.	2	748.240
3050	Un remontoir nickelé.	2	495.588
3051	Un remontoir nickelé.	2	792.093
3052	Un remontoir nickelé.	1	890.828
3053	Un remontoir nickelé.	2	949.600
3054	Un globe terrestre.	1	83.732
3055	Un observatoire de salon.	1	492.707
3056	Un observatoire de salon.	1	936.172
3057	Un observatoire de salon.	2	646.066
3058	Un observatoire de salon.	1	293.482
3059	Un observatoire de salon.	1	500.883
3060	Croquis maritimes, un volume.	1	398.587
3061	Grimaux, Lavoisier, un volume.	1	862.849
3062	Grimaux, Lavoisier, un volume.	1	827.903
3063	Grimaux, Lavoisier, un volume.	2	483.800

NUMÉROS des lots.	DÉSIGNATION DES LOTS	NUMÉROS GAGNANTS	
		SÉRIES	BILLETS
3064	Grimaux, *Lavoisier*, un volume.	1	527.110
3065	Grimaux, *Lavoisier*. un volume.	2	708.292
3066	Un abat-jour.	1	962.495
3067	Un abat-jour.	2	960.451
3068	Un abat-jour.	1	150.713
3069	Un abat-jour.	2	968.335
3070	Un abat-jour.	1	110.472
3071	*La Grammaire du dessin*, un volume.	2	768.743
3072	Un plat carré, *Chiens et paysage*.	2	252.559
3073	Un carnier peau de chien.	2	420.428
3074	Un carnier veau flu.	2	235.432
3075	Un carnier toile marron avec cartouchière.	2	964.695
3076	Un porte-crayon rentrant.	2	399.063
3077	Un porte-mine à fleurs.	2	571.635
3078	Un couteau à papier nacre.	1	918.515
3079	Une fontaine en grès (*Bacchus*).	2	731.978
3080	*Alexandre*, un volume.	2	983.009
3081	*Histoire des faïences*, deux volumes.	2	504.259
3082	Un remontoir nickel.	1	406.012
3083	Trois volumes divers.	1	525.899
3084	*Le Pompon vert*, un volume.	2	871.850
3085	*Le Pompon vert*, un volume.	1	684.973
3086	Un panier. — Don de MM. Berthod et Picot.	1	222.074
3087	Une table.	2	828.914
3088	Une montre argent.	1	580.756
3089	Une montre argent.	1	220.341
3090	Une montre argent.	1	475.977
3091	Une montre argent.	1	706.595
3092	Une montre argent.	2	175.386
3093	*Westhauser*, un volume.	2	235.213
3094	*Pierre Schlemihl*, un volume.	2	79.796
3095	*Pierre Schlemihl*, un volume.	1	928.268
3096	*Pierre Schlemihl*, un volume.	1	196.529
3097	*Lohengrin*, partition.	1	964.841
3098	*La Forêt*, un volume.	1	915.748
3099	*Etienne Marcel*, partition.	2	201.845
3100	*Tannhauser*, partition.	1	359.562
3101	*Tannhauser*, partition.	2	558.804
3102	*Henri VIII*, partition.	1	401.233
3103	*Lohengrin*, partition.	1	600.361
3104	*Lohengrin*, partition.	1	121.830
3105	*Bêtes et Gens*, deux volumes.	2	61.476
3106	*Bêtes et Gens*, deux volumes.	2	728.197
3107	*Bêtes et Gens*, deux volumes.	1	905.840
3108	*Bêtes et Gens*, deux volumes.	2	655.353
3109	*La Forêt*, un volume.	1	856.543
3110	*La Forêt*, un volume.	2	52.614
3111	*La Forêt*, un volume.	2	832.982
3112	*La Forêt*, un volume.	1	275.755
3113	Un tableau en ouate coloriée.	1	744.179
3114	Grimaux, *Lavoisier*, un volume.	1	665.151
3115	Grimaux, *Lavoisier*, un volume.	1	485.588
3116	Grimaux, *Lavoisier*, un volume	1	593.717
3117	Grimaux, *Lavoisier*, un volume.	1	869.252
3118	Grimaux, *Lavoisier*, un volume.	1	485.584
3119	Grimaux, *Lavoisier*, un volume.	1	253.255
3120	Grimaux, *Lavoisier*, un volume.	2	954.288
3121	Grimaux, *Lavoisier*, un volume.	2	681.024
3122	Une canne touriste.	2	909.002
3123	Une canne touriste.	1	775.033
3124	*Dictionnaire d'histoire*.	1	607.561
3125	*Dictionnaire d'histoire*,	2	43.256
3126	Un pliant bronzé, dit fauteuil avec poche.	2	79.794
3127	Un parapluie.	2	295.800
3128	Une statuette terre cuite.	2	79.798
3129	Une statuette terre cuite.	2	655.357
3130	Un en-cas.	1	652.587
3131	Un col chinchilla.	1	294.239
3132	Un coffret à bijoux en fer.	2	597.687
3133	Un coffret à bijoux en fer.	1	347.486
3134	Un coffret à bijoux en fer.	1	559.241

NUMÉROS des lots.	DÉSIGNATION DES LOTS	NUMÉROS GAGNANTS	
		SÉRIES	BILLETS
3135	Un coffret à bijoux en fer.	1	915.287
3136	Un coffret à bijoux en fer.	1	235.431
3137	Un coffret à bijoux en fer.	1	234.831
3138	Un coffret à bijoux en fer.	1	799.890
3139	Un coffret à bijoux en fer.	2	868.280
3140	Un coffret à bijoux en fer.	1	445.580
3141	Un coffret à bijoux en fer.	1	96.760
3142	Un coffret à bijoux en fer.	2	636.434
3143	Un coffret à bijoux en fer.	1	71.886
3144	Un coffret à bijoux en fer.	2	398.582
3145	Un coffret à bijoux en fer.	2	792.099
3146	Un coffret à bijoux en fer.	2	535.010
3147	Un coffret à bijoux en fer.	1	96.761
3148	Un coffret à bijoux en fer.	2	207.375
3149	Un coffret à bijoux en fer.	1	168.873
3150	Un cheval métal mécanique.	2	835.215
3151	Un cheval métal mécanique.	2	40.917
3152	Une loterie jouet.	1	260.681
3153	*L'Homme à la fenêtre*, gravure.	1	827.905
3154	*Verrerie et émaillerie*, un volume. — Don de MM. Mame et fils.	1	562.728
3155	Sept volumes. — Don de M. Delalain.	2	756.970
3156	Une table.	1	319.027
3157	Une cage carrée.	1	801.375
3158	Une chaufferette cuivre poli.	2	147.519
3159	Une chaufferette cuivre poli.	2	710.470
3160	*Au Groënland*, un volume.	2	401.053
3161	*Au Groënland*, un volume.	1	155.614
3162	*Au Groënland*, un volume.	2	293.485
3163	*Au Groënland*, un volume.	2	546.554
3164	*Voyage d'exploration*, un volume.	2	725.814
3165	*Voyage d'exploration*, un volume.	2	355.796
3166	*Voyage d'exploration*, un volume.	2	789.669
3167	*Voyage d'exploration*, un volume.	2	706.795
3168	*Voyage d'exploration*, un volume.	2	931.994
3169	*Lacs de l'Afrique équatoriale*, un volume.	1	301.483
3170	*Lacs de l'Afrique équatoriale*, un volume.	1	958.353
3171	*Lacs de l'Afrique équatoriale*, un volume.	1	551.126
3172	Kauleck, *Recueil de fac-similés*, un volume.	2	507.910
3173	Kauleck, *Recueil de fac-similés*, un volume.	2	999.441
3174	*Henri VIII*, partition. — Don de M. Durand-Schœnewerk.	2	29.745
3175	*Tannhauser*, partition. — Don de M. Durand-Schœnewerk.	2	252.553
3176	*Lohengrin*, partition. — Don de M. Durand-Schœnewerk.	2	580.754
3177	Un panneau nature morte.	1	710.465
3178	Un panneau nature morte.	1	121.329
3179	*Etienne Marcel*, partition. — Don de M. Durand-Schœnewerk.	2	399.065
3180	Un album cuir.	1	479.998
3181	Une canne armée.	1	478.045
3182	Une canne armée.	2	962.075
3183	Kauleck, *Recueil de fac-similés*.	2	765.301
3184	*Tapisserie*, un volume. — Don de M. Alf. Mame et fils.	1	155.095
3185	*Tapisserie*, un volume. — Don de M. Alf. Mame et fils.	1	781.979
3186	*Jeanne d'Arc*.	1	530.690
3187	*Tapisserie*, un volume. — Don de M. Mame et fils.	1	901.267
3188	*Tapisserie*, un volume. — Don de M. Mame et fils.	1	867.116
3189	*Tapisserie*, un volume. — Don de M. Mame et fils.	1	902.668
3190	Kauleck, *Recueil de fac-similés*, un volume.	1	827.907
3191	*Tapisserie*, un volume. — Don de M. Mame et fils.	2	219.861
3192	Kauleck, *Recueil de fac-similés*, un volume.	1	593.399
3193	*Les Artistes français*, un volume.	1	253.253

NUMÉROS des lots	DÉSIGNATION DES LOTS	SÉRIES	BILLETS
3194	*Les Artistes français*, un volume.	1	909.009
3195	*Les Artistes français*, un volume.	2	546.041
3196	*Les Artistes français*, un volume.	1	860.349
3197	*Les Artistes français*, un volume.	1	283.522
3198	*Gloires militaires*, un volume.	1	321.908
3199	*Gloires militaires*, un volume.	1	107.158
3200	*Gloires militaires*, un volume.	2	356.513
3201	*Gloires militaires*, un volume.	2	108.553
3202	*Gloires militaires*, un volume.	1	175.383
3203	*Verrerie et émaillerie*, un volume.	2	339.065
3204	*Verrerie et émaillerie*, un volume.	2	504.264
3205	*Tapisserie*, un volume.	1	836.374
3206	*Les Artistes français*, un volume.	2	509.819
3207	Une garniture brosserie. — Don de M. E. Robert.	2	657.950
3208	*Les Artistes français*, un volume.	2	487.403
3209	*Pierre de Médicis*, partition.	1	150.021
3210	*Verrerie et émaillerie*, un volume.	2	282.138
3211	*Verrerie et émaillerie*, un volume.	1	85.053
3212	*Verrerie et émaillerie*, un volume.	1	915.742
3213	*Verrerie et émaillerie*, un volume.	1	229.563
3214	*Verrerie et émaillerie*, un volume.	1	957.700
3215	*Tapisserie*, un volume.	2	172.669
3216	*Tapisserie*, un volume.	2	167.407
3217	*Tapisserie*, un volume.	1	760.308
3218	*Tapisserie*, un volume.	1	872.322
3219	*Tapisserie*, un volume. — Don de MM. Mame et fils.	2	983.476
3220	*Tapisserie*, un volume.	1	802.549
3221	Un parapluie-canne.	2	600.362
3222	Un parapluie-canne.	1	413.327
3223	Un parapluie-canne.	2	652.536
3224	Un parapluie-canne.	2	761.779
3225	Un tapis hallebardier.	1	742.590
3226	Un tapis hallebardier.	2	769.303
3227	Un tapis mohair.	1	299.432
3228	Un tapis mohair.	2	801.981
3229	Un tapis mohair.	1	391.248
3230	Un tapis mohair.	2	335.034
3231	*Les Mammifères*, un volume.	2	799.883
3232	Nadaillac, *l'Amérique*, un volume.	2	177.116
3233	Nadaillac, *l'Amérique*, un volume.	2	333.245
3234	Nadaillac, *l'Amérique*, un volume.	1	309.978
3235	Nadaillac, *l'Amérique*, un volume.	2	551.123
3236	Un coffret à bijoux, en fer.	1	640.614
3237	Un coffret à bijoux, en fer.	2	187.926
3238	*Verrerie et émaillerie*, un volume. — Don de MM. Alf. Mame et fils.	2	247.544
3239	*Verrerie et émaillerie*, un volume. — Don de MM. Alf. Mame et fils.	2	486.534
3240	Une montre en argent.	2	561.250
3241	Une bourse en argent.	1	233.022
3242	Une bourse en argent.	1	201.842
3243	Une bourse en argent.	2	93.003
3244	*Artistes français*, un volume.	2	802.546
3245	*Artistes français*, un volume.	2	856.542
3246	*Artistes français*, un volume.	1	834.189
3247	*Verrerie et émaillerie*, un volume. — Don de MM. Alf. Mame et fils.	2	459.876
3248	*Verrerie et émaillerie*, un volume. — Don de MM. Alf. Mame et fils.	1	689.645
3249	*Verrerie et émaillerie*, un volume. — Don de MM. Alf. Mame et fils.	2	946.696
3250	*Verrerie et émaillerie*, un volume. — Don de MM. Alf. Mame et fils.	1	391.244
3251	Une serrure de sûreté.	1	835.321
3252	Une tabatière.	1	159.193
3253	Une tabatière.	2	729.416
3254	Un gilet de chasse.	2	999.447
3255	Un porte-plume.	1	782.774
3256	Un corset. — Don de M. Farcy.	1	701.655
3257	Un porte-plume.	2	315.988
3258	Un corset. — Don de M. Farcy.	1	415.566
3259	Un porte-plume.	1	799.888
3260	Un parapluie-canne.	2	990.318
3261	Un porte-plume.	2	513.796
3262	*Répertoire du théâtre comique.*	1	221.630
3263	Un jeu de course.	2	760.800
3264	Une canne à truites.	1	755.460
3265	Une canne à truites.	1	104.905
3266	Une canne bambou ferrure argent. — Don de M. Grouiller.	2	915.747
3267	Une canne incrustée d'argent. — Don de M. Grouiller.	2	126.484
3268	Une capote militaire. — Don de « India Rubber Gutta-Percha and Telegraph Works company (the) ».	2	640.617
3269	Un porte-plume.	1	504.252
3270	Six chemises. — Don de M. Carré et Cie.	1	972.948
3271	Un chapeau feutre pour femme. — Don de M. Chaumonot et Cie.	2	446.370
3272	Un pot-au-feu peint. — Don de la grande chancellerie de Saint-Denis.	2	702.469
3273	Un plat long. — Don de la grande chancellerie de Saint-Denis.	2	339.061
3274	Un vase porcelaine japonaise décorée.	2	391.249
3275	Un vase porcelaine japonaise décorée.	2	911.419
3276	Un coffret à bijoux.	1	831.740
3277	Un coffret à bijoux.	1	1.670
3278	Une caisse de vin. — Don de M. le président du conseil.	2	463.087
3279	Une caisse de vin. — Don de M. le président du conseil.	1	247.547
3280	Un lot bas et caleçons d'enfants. — Don de M. Bouly-Lepage.	2	771.973
3281	Neuf paires de bas de femmes. — Don de M. Geoffroy-Damoiseau.	1	453.994
3282	Un jeu de fleurs découpées.	2	885.733
3283	Un lit de campement réduit. — Don de Mme vo Jacquelin.	1	653.108
3284	Un panier à ouvrage. — Don de M. Kroguer.	1	562.724
3285	Un dessus de coussin brodé. — Don de M. Rousseau.	2	452.788
3286	Une caisse de vin. — Don de M. le président du conseil.	1	801.373
3287	Une robe tulle avec garniture de corsage et chapeau. — Don de M. Schmidt.	2	251.458
3288	*Les Femmes*, deux volumes.	1	268.265
3289	Un appareil photographique. — Don de MM. Dehors et Deslandres.	1	922.218
3290	Un éventail. — Don de M. Negrel.	1	85.655
3291	Un éventail. — Don de M. Negrel.	1	731.977
3292	Un éventail. — Don de M. Negrel.	2	148.508
3293	Une boîte d'artiste. — Don de M. Pitet aîné.	1	731.971
3294	Six paires de mitaines. — Don de MM. C. Neyret et Cie.	1	760.302
3295	Un éteignoir et deux flambeaux. — Don de la grande chancellerie de Saint-Denis.	1	675.530
3296	Un porte-plume.	2	748.245
3297	*Expédition de la Jeannette*, un volume.	1	553.527
3298	*Expédition de la Jeannette*, un volume.	1	923.982
3299	Une cafetière nickelée, 4 tasses.	1	155.097
3300	Un havresac, vache blanche.	1	361.003
3301	Une canne.	2	693.648
3302	*Les Tribunaux comiques*, deux volumes.	2	454.152
3303	*Les Tribunaux comiques*, deux volumes.	1	90.354
3304	*Les Tribunaux comiques*, deux volumes.	2	187.849
3305	*Transformations de l'armée*, un volume.	2	188.785
3306	*Transformations de l'armée*, un volume.	1	563.143
3307	*Transformations de l'armée*, un volume.	1	657.259
3308	Une cravache.	2	996.487
3309	Une cravache.	1	515.122
3310	Un théâtre d'enfant avec acteurs. — Don de M. Ed. Fruit fils.	1	607.563
3311	Lecomte de l'Isle, trois volumes.	2	207.034
3312	Un peigne perles.	2	235.217
3313	*Les Terres du ciel*, un volume.	1	331.546
3314	*Les Étoiles*, un volume.	1	792.096
3315	*Astronomie populaire*, un volume.	2	365.227

(*3e Supplément.*)

NUMÉROS des lots	DÉSIGNATION DES LOTS	SÉRIES	BILLETS
3316	Une boîte de couleurs.	2	287.003
3317	Un coupon de drap. — Don de MM. Blin et Blin.	2	269.937
3318	Un coupon de drap. — Don de MM. Blin et Blin.	2	159.788
3319	Un coupon de drap. — Don de MM. Blin et Blin.	2	155.611
3320	Six boîtes de plumes.	2	683.849
3321	Un corset. — Don de M. Stiegler.	2	355.348
3322	Une comptabilité (3 registres).	2	672.272
3323	En Suisse, un volume.	2	952.537
3324	En Suisse, un volume.	2	56.532
3325	En Suisse, un volume.	2	2.725
3326	En Suisse, un volume.	1	187.929
3327	En Suisse, un volume.	1	364.273
3328	Pyrénées, un volume.	1	495.585
3329	Pyrénées, un volume.	2	957.059
3330	Pyrénées, un volume.	2	31.728
3331	Pyrénées, un volume.	1	156.609
3332	Pyrénées, un volume.	1	681.029
3333	Un tapis mouton.	2	989.261
3334	Un tapis mouton.	2	284.570
3335	Un tapis mouton.	2	459.872
3336	Un tapis mouton.	2	796.243
3337	Un tapis mouton.	1	356.518
3338	La Terre à vol d'oiseau, un volume.	2	292.192
3339	La Terre à vol d'oiseau, un volume.	2	573.962
3340	La France à vol d'oiseau, un volume.	1	962.049
3341	La France à vol d'oiseau, un volume.	2	119.477
3342	Une lampe d'atelier.	1	715.768
3343	Une douzaine de mouchoirs.	2	936.179
3344	Une douzaine de mouchoirs.	2	682.601
3345	Une douzaine de mouchoirs.	2	945.693
3346	Une canne.	2	269.931
3347	Une canne.	1	533.138
3348	Un pèse-lettres.	1	930.589
3349	Louis XII et Anne de Bretagne, un volume.	1	305.834
3350	Louis XII et Anne de Bretagne, un volume.	1	959.636
3351	Louis XII et Anne de Bretagne, un volume.	2	580.753
3352	Un porte-mine japon.	2	518.049
3353	Un parapluie manche collier argent.	1	243.174
3354	Transformations de l'armée, un volume.	2	861.004
3355	Transformations de l'armée, un volume.	2	982.515
3356	Une montre de dame.	1	479.996
3357	La Dame blanche, partition.	2	634.976
3358	Un atlas de géographie.	2	792.091
3359	Un atlas de géographie.	1	167.406
3360	Un atlas de géographie.	1	789.546
3361	Un atlas de géographie.	1	406.046
3362	Un atlas de géographie.	1	905.667
3363	France, un volume.	1	388.247
3364	France, un volume.	1	423.070
3365	France, un volume.	1	934.067
3366	Colonies, un volume.	1	657.251
3367	Colonies, un volume.	1	75.506
3368	Colonies, un volume.	2	220.344
3369	Antiquités grecques, deux volumes.	1	899.328
3370	Antiquités grecques, deux volumes.	1	140.600
3371	Une canne à saumon.	2	702.467
3372	Antiquités grecques, deux volumes.	1	91.021
3373	Antiquités grecques, deux volumes.	2	721.771
3374	Antiquités grecques, deux volumes.	1	515.126
3375	Atlas Drioux, un volume.	2	521.074
3376	Atlas Drioux, un volume.	1	31.614
3377	Une cage carrée.	2	447.117
3378	Un coupon étoffe pour pantalon.	2	634.978
3379	Une presse à levier.	2	518.850
3380	Un plat trois compartiments.	2	391.245
3381	Une pèlerine loutre fourrure chinchilla.	2	315.982
3382	Une broche.	1	836.672

NUMÉROS des lots	DÉSIGNATION DES LOTS	SÉRIES	BILLETS
3383	Bibliothèque scientifique et médicale, cinq volumes.	1	364.279
3384	Bibliothèque scientifique et médicale, cinq volumes.	2	252.555
3385	Bibliothèque scientifique et médicale, cinq volumes.	1	31.612
3386	Bibliothèque scientifique et médicale, cinq volumes.	1	235.216
3387	Un corset. — Don de M. Stiegler.	2	284.568
3388	Un corset. — Don de M. Stiegler.	1	150.674
3389	Un corset. — Don de M. Stiegler.	1	43.251
3390	Un corset. — Don de M. Stiegler.	2	922.213
3391	Un corset. — Don de M. Stiegler.	2	248.175
3392	Un corset. — Don de M. Stiegler.	1	605.216
3393	Un châle algérien.	1	985.040
3394	Un châle algérien.	2	958.358
3395	Un châle algérien.	1	995.649
3396	Une robe fantaisie (coupon).	2	755.455
3397	Une robe fantaisie (coupon).	2	683.577
3398	Une robe fantaisie (coupon).	1	535.007
3399	Un coupon drap pour pardessus.	1	333.250
3400	Un coupon drap pour pardessus.	2	507.040
3401	Un coupon drap pour pardessus.	1	597.684
3402	Un coupon étoffe pour robe.	2	81.104
3403	Un coupon étoffe pour robe.	2	949.596
3404	Un coupon étoffe pour robe.	1	931.995
3405	Un coupon étoffe pour pantalon.	1	834.181
3406	Un coupon étoffe pour pantalon.	1	43.090
3407	Un pèse-lettres.	1	159.478
3408	Une broche argent.	2	739.580
3409	Une broche argent.	1	270.580
3410	Une broche argent.	1	657.644
3411	Une broche argent.	1	68.083
3412	Une broche argent.	2	689.646
3413	Une broche argent.	2	578.762
3414	Une cafetière « Expéditive » nickelée.	1	62.090
3415	Six boîtes de plumes.	2	693.646
3416	Un coupon drap pour robe. — Don de MM. Bonnier frères.	1	589.931
3417	Un coupon drap pour robe. — Don de MM. Bonnier frères.	1	542.913
3418	Un coupon drap pour robe. — Don de MM. Bonnier frères.	1	399.066
3419	Une Bibliothèque des gens du monde.	1	442.259
3420	Une Bibliothèque des gens du monde.	1	563.147
3421	Une Bibliothèque des gens du monde.	1	582.903
3422	Une Bibliothèque des gens du monde.	1	771.553
3423	Chasseurs d'ivoire, un volume.	1	75.510
3424	Chasseurs d'ivoire, un volume.	2	363.683
3425	Grimpeurs de montagnes, un volume.	1	983.008
3426	Grimpeurs de montagnes, un volume.	1	810.076
3427	Un pèse-lettres.	2	995.117
3428	Une comptabilité (3 registres).	2	962.077
3429	Une comptabilité (3 registres).	1	170.701
3430	Une comptabilité (3 registres).	1	846.130
3431	Une comptabilité (3 registres).	2	952.535
3432	Un pèse-lettres.	1	795.547
3433	Docteur Price, un volume.	2	347.487
3434	Notre capitale, un volume.	2	468.583
3435	Notre capitale, un volume.	2	68.090
3436	Notre capitale, un volume.	2	796.776
3437	Notre capitale, un volume.	1	704.255
3438	Une machine à découper.	1	634.971
3439	Un nécessaire, soixante crayons.	1	610.883
3440	Un nécessaire, soixante crayons.	2	361.006
3441	Un nécessaire, soixante crayons.	1	887.891
3442	Une comptabilité (3 registres).	1	949.593
3443	Une comptabilité (3 registres).	2	954.282
3444	Cinq-Mars, un volume.	1	535.005
3445	Théâtre, deux volumes.	1	137.005
3446	Biart à travers l'Amérique, un volume.	2	481.141
3447	Une brosse à parquet. — Don de M. Roux.	1	176.434
3448	Une cravache.	2	434.468

NUMÉROS des lots.	DÉSIGNATION DES LOTS	NUMÉROS GAGNANTS	
		SÉRIES	BILLETS
	Une canne à pêche.	2	379.881
	Un globe terrestre de 33 centimètres.	2	946.698
	Un globe terrestre de 33 centimètres.	1	939.585
	Un globe terrestre de 33 centimètres.	2	748.241
	Une géographie, deux volumes.	2	900.953
	Une géographie, deux volumes.	1	88.466
	Le Monde avant la création, un volume.	2	519.669
	Création de l'homme, un volume.	1	150.680
	Faits mémorables, un volume.	2	74.092
	Faits mémorables, un volume.	1	907.522
	Faits mémorables, un volume.	2	646.064
	Faits mémorables, un volume.	1	507.820
	Une pèlerine fourrure fourragère.	2	249.109
	Un jersey. — Don de M. Bernheim.	2	701.654
	Un jersey. — Don de M. Bernheim.	1	968.775
	Un jersey. — Don de M. Bernheim.	1	31.723
	Un jersey. — Don de M. Bernheim.	1	868.271
	Un jersey. — Don de M. Bernheim.	2	571.633
	Un jersey. — Don de M. Bernheim.	1	658.433
	Un jersey. — Don de M. Bernheim.	2	533.133
	Docteur Quiès, un volume.	1	832.987
	Docteur Quiès, un volume.	2	729.414
	Docteur Quiès, un volume.	2	308.582
	Docteur Quiès, un volume.	1	936.180
	Docteur Quiès, un volume.	1	573.967
	Un jersey. — Don de M. Bernheim.	1	810.078
	Un jersey. — Don de M. Bernheim.	1	642.020
	Un jersey. — Don de M. Bernheim.	1	953.121
	Un tapis peau de chèvre.	1	964.696
	Notre Capitale, un volume.	1	146.501
	Une cafetière nickelée.	1	75.502
	Un petit camion avec 2 chevaux (jouet).	1	180.283
	Arts et manufactures, trois volumes.	2	936.173
	Arts et manufactures, trois volumes.	1	126.483
	Retour d'Arlequin, un volume.	1	529.849
	Un globe céleste.	2	565.456
	Un globe céleste.	1	413.329
	Une montre acier.	1	964.849
	Une jardinière fleurs émaillées.	1	867.112
	Six paires de bretelles.	1	635.740
	Légendes de la Basse-Bretagne, deux volumes.	1	881.307
	Ouvrages divers, deux volumes.	1	155.616
1	Ouvrages divers, deux volumes.	2	515.127
2	Ouvrages divers, deux volumes.	1	799.886
3	Ouvrages divers, deux volumes.	1	525.895
4	*Traditions de la Haute-Bretagne*, deux volumes.	1	665.157
5	Ouvrages divers, deux volumes.	2	671.769
6	Ouvrages divers, deux volumes.	2	708.294
7	Six paires de bretelles.	2	722.748
8	Six paires de bretelles.	1	972.942
9	*Chansons populaires de l'Alsace*, deux volumes.	2	386.203
0	Une écharpe noire dentelle. — Don de MM. Le Bas père et fils.	1	187.846
1	Un sarcophage, boîte faïence.	2	253.256
2	Un sarcophage, boîte faïence.	2	127.339
3	Un sarcophage, boîte faïence.	2	381.852
4	Un sarcophage, boîte faïence.	1	293.486
05	Walter Scott, un volume.	1	468.590
06	Walter Scott, un volume.	2	222.080
07	Walter Scott, un volume.	1	337.547
08	Walter Scott, un volume.	2	939.586
09	Walter Scott, un volume.	2	104.906
10	Walter Scott, un volume.	2	862.544
11	Walter Scott, un volume.	2	68.088
12	Walter Scott, un volume.	2	310.312
13	Walter Scott, un volume.	1	263.384
14	Walter Scott, un volume.	2	70.716
15	Walter Scott, un volume.	1	591.360
16	Walter Scott, un volume.	1	739.571
17	Une canne à truite.	1	923.986
3518	*Les Statues de Paris*, un volume.	2	730.347
3519	*Les Statues de Paris*, un volume.	1	107.154
3520	Walter Scott, un volume.	1	474.091
3521	Walter Scott, un volume.	1	433.345
3522	Walter Scott, un volume.	2	518.842
3523	Walter Scott, un volume.	2	838.535
3524	Walter Scott, un volume.	2	805.155
3525	Walter Scott, un volume.	1	857.772
3526	Walter Scott, un volume.	1	610.195
3527	Walter Scott, un volume.	2	168.374
3528	Walter Scott, un volume.	1	270.903
3529	Walter Scott, un volume.	1	427.450
3530	Walter Scott, un volume.	2	888.920
3531	Walter Scott, un volume.	1	2.724
3532	Walter Scott, un volume.	2	607.562
3533	Fenimore Cooper, un volume.	1	662.850
3534	Fenimore Cooper, un volume.	2	155.617
3535	Fenimore Cooper, un volume.	1	519.666
3536	Fenimore Cooper, un volume.	1	831.212
3537	*Annales de la Société centrale des architectes*, un volume. — Don de M. André Daly fils.	1	845.461
3538	*Annales de la Société centrale des architectes*, un volume. — Don de M. André Daly fils.	1	581.219
3539	*Chansons populaires de l'Alsace*, deux volumes.	2	771.560
3540	*Chansons populaires de l'Alsace*, deux volumes.	1	915.289
3541	Un boa.	2	653.434
3542	Un manchon.	1	893.719
3543	Un chapeau exotique. — Don de M. Olivier de Langenhagen.	1	966.290
3544	Un chapeau exotique. — Don de M. Olivier de Langenhagen.	2	956.932
3545	Une comptabilité (3 registres) avec étui.	2	11.968
3546	Une serviette cuir Japon.	2	273.389
3547	Un couteau à papier ivoire.	1	220.569
3548	Un couteau à papier gravé.	1	507.814
3549	Un collier.	2	553.524
3550	Un collier.	2	394.742
3551	*Chansons populaires de France*, deux volumes.	2	309.979
3552	*Chansons populaires de France*, deux volumes.	1	653.110
3553	*Chansons populaires de France*, deux volumes.	2	196.503
3554	*Chansons populaires de France*, deux volumes.	1	998.183
3555	*Les Tremblements de terre*, 1 volume. — Don de MM. Victorion et Cie.	1	669.311
3556	*Proserpine*, partition.	2	308.586
3557	*Arts et manufactures*, trois volumes.	1	504.261
3558	Un châle nouveauté.	2	282.132
3559	Un châle nouveauté.	2	792.097
3560	Une cravache.	1	71.890
3561	Une statuette.	1	492.701
3562	Une statuette porcelaine, *Pêcheur*.	2	562.727
3563	Une statuette porcelaine, *Femme*.	1	192.558
3564	*Tirynthe*, un volume. — Don de M. Reinwald.	2	564.417
3565	*François Ier*, un volume. — Don de M. Victorion.	2	826.149
3566	*Fortunatus*, un volume.	2	527.107
3567	*Schlemilh*, un volume.	1	216.011
3568	Un thermomètre.	2	926.420
3569	Un thermomètre.	2	591.355
3570	Un remontoir 20 lignes.	2	808.058
3571	Un remontoir 20 lignes.	2	427.478
3572	Un plumeau d'autruche couleur. — Don de M. J.-E. Durup.	1	953.129
3573	Un sac à pêche.	1	662.846
3574	Une canne à pêche.	1	957.054
3575	Un stick.	1	30.117
3576	Une cravache.	2	765.280
3577	Trois brosses. — Don de M. Roux.	2	196.509

DÉSIGNATION DES LOTS	NUMÉROS GAGNANTS	
	SÉRIES	BILLETS
charpe dentelle.—Don de MM. Le-ue-Piquet et Cie.	2	517.131
stique *financière*, un volume.	1	558.307
stique *financière*, un volume.	2	982.846
stique *financière*, un volume.	2	570.398
stique *financière*, un volume.	1	235.212
stique *financière*, un volume.	2	62.081
le au corps, un volume.	2	943.864
iancée du roi de Garbe.	2	936.175
oupon étoffe pour robe.	1	957.621
rtoire des paroisses.	1	368.338
oscope.	1	220.347
carte des chemins de fer français.	1	17.990
classeur.	2	857.779
boîtes de plumes.	2	507.036
boîte aquarelle.	2	107.153
boîtes de plumes.	1	589.935
paire de porte-cannes, à 10 crochets.	1	923.984
couteau damasquiné.	1	983.010
corset. — Don de la Collectivité de ar-le-Duc,	2	915.284
corset. — Don de la Collectivité de ar-le-Duc.	2	941.593
jersey. — Don de M. Bernheim.	1	765.273
jersey. — Don de M. Bernheim.	1	30.119
jersey. — Don de M. Bernheim.	2	868.272
jersey. — Don de M. Bernheim.	1	771.557
jersey. — Don de M. Bernheim.	2	640.615
jersey. — Don de M. Bernheim.	2	723.171
e comptabilité (3 registres).	2	871.842
liothèque économique, six volumes.	1	11.965
liothèque économique, six volumes.	2	665.156
liothèque économique, six volumes.	2	706.594
liothèque économique, six volumes.	2	945.691
liothèque économique, six volumes.	1	962.497
liothèque économique, six volumes.	1	521.077
sac à main. — Don de M. Vuitton.	1	155.099
ésies, deux volumes.	1	196.525
sac à main. — Don de M. Vuitton.	2	243.179
classeur.	1	999.450
lot de six volumes. — Don de M. Delalain.	2	70.720
colina, un volume. — Don de M. Durand-Schœnewerk.	2	671.761
n classeur.	1	899.330
n classeur.	2	980.455
n classeur.	1	802.541
n chevalet garni peluche.	1	368.332
a plateau nacre incrustée.	2	985.059
eux balais de crin.— Don de MM. Che-ville et fils.	2	593.310
n album laqué.	2	508.588
a coupon étoffe pour robe.	1	518.048
n bracelet.	2	990.312
n bracelet.	3	59.038
n bracelet.	1	742.586
n bracelet.	2	782.779
n bracelet.	1	923.990
n bracelet.	2	636.436
n atlas.	1	708.296
n atlas.	1	504.269
n atlas.	2	56.625
Un parapluie.	2	826.143
Une boîte de peinture.	1	175.389
Une canne. — Don de M. Léon Graffeuil.	2	962.494
Manon Lescaut, un volume.	2	600.370
Manon Lescaut, un volume.	2	517.139
Robert Helmont, un volume.	1	796.242
Robert Helmont, un volume.	1	489.141
Sans famille, deux volumes.	2	985.055
Sans famille, deux volumes.	2	704.254
Sans famille, deux volumes.	2	640.613
Tartarin de Tarascon, un volume.	2	104.902
Tartarin de Tarascon, un volume.	2	706.600

NUMÉROS des lots	DÉSIGNATION DES LOTS	NUMÉROS GAGNANTS	
		SÉRIES	BILLETS
3646	*Tartarin de Tarascon*, un volume.	1	890.826
3647	*Tartarin de Tarascon*, un volume.	2	608.828
3648	*Tartarin de Tarascon*, un volume.	1	339.064
3649	*Robert Helmont*, un volume.	2	196.522
3650	*Robert Helmont*, un volume.	2	639.205
3651	*Robert Helmont*, un volume.	1	665.626
3652	Un coupon drap peigné, 1m 20.	2	824.948
3653	Un coupon drap rayé, 1m 20.	2	263.331
3654	*La Dame Blanche*, partition.	2	655.355
3655	Un atlas de géographie.	1	722.747
3656	Un atlas de géographie.	1	739.573
3657	Un atlas de géographie.	1	451.886
3658	Un atlas de géographie.	2	235.215
3659	Un atlas de géographie.	2	575.679
3660	Un dessus de piano.—Don de M. P. Duché.	1	682.602
3661	Un dessus de piano.—Don de M. P. Duché.	2	675.525
3662	Un dessus de piano.—Don de M. P. Duché.	1	83.655
3663	Une caisse 6 bouteilles de liqueurs. — Don de la chambre syndicale du commerce en gros des vins et spiritueux de la Côte-d'Or.	2	537.468
3664	Une caisse 6 bouteilles de liqueurs. — Don de la chambre syndicale du commerce en gros des vins et spiritueux de la Côte-d'Or.	1	706.599
3665	Une caisse 6 bouteilles de liqueurs. — Don de la chambre syndicale du commerce en gros des vins et spiritueux de la Côte-d'Or.	1	303.172
3666	Une caisse 6 bouteilles de liqueurs. — Don de la chambre syndicale du commerce en gros des vins et spiritueux de la Côte-d'Or.	1	900.954
3667	Une caisse 6 bouteilles de liqueurs. — Don de la chambre syndicale du commerce en gros des vins et spiritueux de la Côte-d'Or.	1	467.859
3668	Une caisse 6 bouteilles de liqueurs. — Don de la chambre syndicale du commerce en gros des vins et spiritueux de la Côte-d'Or.	1	459.854
3669	Une caisse 6 bouteilles de liqueurs. — Don de la chambre syndicale du commerce en gros des vins et spiritueux de la Côte-d'Or.	2	730.841
3670	Une caisse 6 bouteilles de liqueurs. — Don de la chambre syndicale du commerce en gros des vins et spiritueux de la Côte-d'Or.	2	878.652
3671	Une caisse 6 bouteilles de liqueurs. — Don de la chambre syndicale du commerce en gros des vins et spiritueux de la Côte-d'Or.	2	995.115
3672	Une caisse 6 bouteilles de liqueurs. — Don de la chambre syndicale du commerce en gros des vins et spiritueux de la Côte-d'Or.	2	273.389
3673	Une caisse 6 bouteilles de liqueurs. — Don de la chambre syndicale du commerce en gros des vins et spiritueux de la Côte-d'Or.	2	295.803
3674	*Proserpine*, partition. — Don de M. Durand-Schœnewerk.	2	107.457
3675	*Samson et Dalila*, un volume. — Don de M. Durand-Schœnewerk.	1	487.402
3676	Une douzaine de paires de chaussettes, Don de M. Tonnel.	2	551.125
3677	Six paires de bas cachemire. — Don de M. Tonnel.	1	272.075
3678	Une malle-cantine. — Don de M. Lisse-Gallibourg.	2	479.995
3679	Une cafetière russe.	1	981.627
3680	Une paire souliers de bal. — Don de M. Aristide Appert.	1	570.397
3681	Une paire souliers de bal. — Don de M. Aristide Appert.	1	140.592
3682	Une paire souliers de bal. — Don de M. Aristide Appert.	1	401.052
3683	Un pupitre.	2	386.807
3684	Un petit pupitre.	1	260.932

NUMÉROS des lots	DÉSIGNATION DES LOTS	NUMÉROS GAGNANTS		NUMÉROS des lots	DÉSIGNATION DES LOTS	NUMÉROS GAGNANTS	
		SÉRIES	BILLETS			SÉRIES	BILLETS
3685	Trois caleçons d'homme. — Don de M. Bouly-Lepage.	1	253.251	3746	*La loi*, un volume.	1	635.734
3686	Trois costumes bains dame. — Don de M. Bouly-Lepage.	2	775.040	3747	*La loi*, un volume.	2	43.083
3687	Trois costumes bains dame. — Don de M. Bouly-Lepage.	1	524.370	3748	*Michel-Ange*, un volume.	1	972.950
3688	Trois costumes bain dame. — Don de M. Bouly-Lepage.	1	636.435	3749	*Michel-Ange*, un volume.	2	957.626
3689	Trois caleçons homme. — Don de M. Bouly-Lepage.	2	992.665	3750	*Théâtre de Molière*, un volume.	2	982.844
3690	Trois caleçons homme. — Don de M. Bouly-Lepage.	2	468.581	3751	*Géographie de la France*, un volume.	1	363.682
3691	Trois caleçons homme. — Don de M. Bouly-Lepage.	2	739.547	3752	*Géographie de la France*, un volume.	2	507.815
3692	Six paires bas de femme. — Don de M. Geoffroy-Damoiseau.	1	83.740	3753	*Géographie de la France*, un volume.	1	998.131
3693	Six paires bas de femme. — Don de M. Geoffroy-Damoiseau.	1	972.607	3754	Un pèse-lettres.	1	179.854
3694	Neuf paires bas de femme. — Don de M. Geoffroy-Damoiseau.	1	104.903	3755	*Michel-Ange*, un volume.	1	990.311
3695	Un cadre à photographie. — Don de MM. Domette et Guth.	2	155.092	3756	*La loi*, un volume.	1	808.053
3696	Six paires jarretières. — Don de M. Oulman.	1	792.094	3757	*La loi*, un volume.	1	116.335
3697	*L'Art étrusque*, un volume.	1	305.180	3758	*La loi*, un volume.	2	385.795
3698	Une ceinture soie.	1	655.354	3759	*Nos marins*, un volume.	1	771.014
3699	Une ceinture soie.	2	890.829	3760	*Nos marins*, un volume.	1	981.623
3700	Un coupon flanelle rayée 8 mètres.	1	856.549	3761	*Nos marins*, un volume.	1	150.711
3701	*Paris à Paris*, un volume.	2	887.900	3762	*Nos marins*, un volume.	2	491.550
3702	*Paris à Paris*, un volume.	1	481.146	3763	*Nos marins*, un volume.	2	170.702
3703	*Paris à Paris*, un volume.	2	827.910	3764	*Chasse et pêche*, un volume.	1	363.606
3704	*Paris à Paris*, un volume.	2	150.720	3765	*Chasse et pêche*, un volume.	1	81.103
3705	*Paris à Paris*, un volume.	2	366.450	3766	*Chasse et pêche*, un volume.	1	928.264
3706	Une cage carrée.	1	708.299	3767	*Chasse et pêche*, un volume.	1	578.760
3707	Un vêtement.	2	964.846	3768	*Chasse et pêche*, un volume.	2	481.530
3708	Douze mouchoirs.	1	188.782	3769	Une chaîne de gilet argent.	2	127.335
3709	Douze mouchoirs.	2	771.011	3770	Une chaîne de gilet argent.	1	504.546
3710	Douze mouchoirs.	2	388.242	3771	*Céramique*, un volume.	1	29.744
3711	*Les Premières Civilisations*, un volume.	2	905.668	3772	Deux brosses à tête. — Don de M. Roux.	2	386.201
3712	*Les Premières Civilisations*, un volume.	2	29.743	3773	*La loi*, un volume.	1	432.022
3713	*Les Premières Civilisations*, un volume.	1	247.543	3774	*La loi*, un volume.	1	70.713
3714	*Les Premières Civilisations*, un volume.	1	610.817	3775	Une épingle papillon.	2	972.945
3715	*Les Premières Civilisations*, un volume.	1	398.585	3776	*Romans champêtres*, deux volumes.	2	334.769
3716	*Clef de la Science*, un volume.	1	627.696	3777	La Fontaine, un volume.	2	196.530
3717	Une veilleuse orientale. — Don de M. Kamioner-Trèves.	1	556.112	3778	Molière, un volume.	2	321.909
3718	Porte-mine magique.	1	739.542	3779	Géographie, un volume.	1	796.771
3719	Un fourneau à gaz.	2	907.531	3780	Un châle de femme. — Don de M. Cornet.	2	180.290
3720	*Clef de la Science*, un volume.	2	40.919	3781	*Céramique*, un volume. — Don de MM. Mame et fils.	1	323.785
3721	Une canne à pêche.	1	432.030	3782	*Céramique*, un volume.	1	49.188
3722	Une canne à pêche.	2	170.157	3783	*Céramique*, un volume.	2	175.390
3723	Deux nacres peintes.	1	41.553	3784	*Céramique*, un volume.	1	68.756
3724	Deux nacres peintes.	2	415.561	3785	*Céramique*, un volume.	2	433.342
3725	Deux nacres peintes.	1	756.968	3786	*Céramique*, un volume.	1	134.006
3726	Deux nacres peintes.	2	810.079	3787	Un rouleau musique cuir de Russie.	1	195.993
3727	Deux nacres peintes.	1	339.066	3788	Un plumeau autruche.	1	359.566
3728	Deux cache-lumière.	1	9.511	3789	Un bougeoir en corne.	2	956.938
3729	Deux cache-lumière.	1	270.515	3790	Une robe lainage.	1	507.087
3730	Deux cache-lumière.	1	119.478	3791	Une robe lainage.	1	953.268
3731	Deux cache-lumière.	2	988.480	3792	Une robe lainage.	2	936.171
3732	Deux cache-lumière.	1	954.287	3793	Un plaid de voyage.	2	504.251
3733	Une chaîne de gilet argent.	1	121.826	3794	Un plaid de voyage.	1	491.556
3734	Une serviette mouton anglais.	1	722.749	3795	Un plaid de voyage.	1	513.797
3735	Cinq boîtes papier à lettre «Jeanne d'Arc».	2	500.303	3796	Un plaid de voyage.	2	990.816
3736	Une boîte de couleurs.	1	537.466	3797	Une bibliothèque économique, cinq volumes.	2	657.645
3737	Un vêtement pour fillette. — Don de M. Fayaud.	2	509.815	3798	Une bibliothèque économique, cinq volumes.	1	560.762
3738	Une presse à levier.	1	657.947	3799	Une bibliothèque économique, cinq volumes.	1	251.455
3739	Un stéréoscope.	2	624.965	3800	Une bibliothèque économique, cinq volumes.	2	931.996
3740	Un nécessaire 40 crayons.	1	366.447	3801	Une bibliothèque économique, cinq volumes.	2	433.344
3741	Un nécessaire 48 crayons.	1	29.209	3802	Une bibliothèque économique, cinq volumes.	1	452.785
3742	Un nécessaire 48 crayons.	2	29.747	3803	Un coupon pour pantalon.	1	481.144
3743	Un porte-mine argent doré.	2	966.285	3804	Un coupon pour un pantalon.	1	207.878
3744	Une veilleuse orientale. — Don de M. Kamioner-Trèves.	1	85.342	3805	Un coupon pour un pantalon.	1	760.797
3745	*Exploits d'Arlequin*, un volume.	1	750.685	3806	Un petit couteau, imitation damasquiné.	2	725.820
				3807	Une paire de porte-fusils à cinq crochets.	1	192.552
				3808	Une couverture coton.	2	915.290
				3809	Un coupon pour un pantalon.	2	958.267
				3810	Un coupon pour un pantalon.	1	960.768

NUMÉROS des lots	DÉSIGNATION DES LOTS	NUMÉROS GAGNANTS	
		SÉRIES	BILLETS
3811	Un coupon pour un pantalon.	1	725.819
3812	Un coupon pour un pantalon.	1	446.363
3813	Un coupon pour un pantalon.	1	308.581
3814	Un coupon pour un pantalon.	1	381.851
3815	Un coupon pour un pantalon.	2	585.889
3816	Une robe lainage.	1	899.324
3817	Une queue de billard à vis.	1	566.904
3818	Une queue de billard à vis.	1	943.865
3819	Une queue de billard à vis.	1	268.263
3820	Une queue de billard à vis.	2	909.004
3821	Un coupon pour un pantalon.	1	459.873
3822	Un coupon pour un pantalon.	2	872.329
3823	Un coupon pour un pantalon.	2	88.465
3824	Un coupon pour un pantalon.	2	190.134
3825	Une coupe de 3 mètres flanelle rayée.	2	972.604
3826	*Œuvres d'Erckmann-Chatrian*, un volume.	2	782.775
3827	*Œuvres d'Erckmann-Chatrian*, un volume.	1	831.736
3828	*Œuvres d'Erckmann-Chatrian*, un volume.	2	835.211
3829	*Œuvres d'Erckmann-Chatrian*, un volume.	2	478.050
3830	Un pèse-lettres.	2	192.555
3831	Une serviette mouton.	1	334.768
3832	*Lecture de la géographie*, deux volumes.	2	657.944
3833	*Lecture de la géographie*, deux volumes.	2	323.790
3834	*Histoire de France*, deux volumes.	2	959.639
3835	*Le Démon* (partition).	1	926.413
3836	*Poèmes et récits*, un volume.	1	607.565
3837	*Contes et récits*, un volume.	2	610.200
3838	*Poèmes et récits*, un volume.	1	953.127
3839	*Etoiles*, un volume.	2	761.773
3840	*Etoiles*, un volume.	2	705.335
3841	*Astronomie populaire*, un volume.	1	509.816
3842	*Astronomie populaire*, un volume.	2	158.839
3843	Une timbale métal gravé.	1	832.981
3844	Une timbale métal gravé.	1	709.588
3845	Une gibecière. — Don de M. J. Teinturier.	2	85.341
3846	Un protège-pointe à anneau.	1	909.446
3847	Un porte-mine ivoire.	2	527.103
3848	Un couteau à papier ciselé.	1	188.790
3849	Un ouvre-lettres écaille.	2	672.276
3850	*Voyage dans la Haute-Egypte*, un volume.	1	900.960
3851	Un fouet.	2	881.806
3852	Quatre boîtes papier à lettres.	1	355.343
3853	Un sujet métal, tête Louis XV.	2	836.375
3854	Un sujet métal émaillé.	1	653.431
3855	*La Gileppe*, un volume.	1	56.533
3856	*Le Livre d'un père*, un volume.	1	374.211
3857	*Serviteur de l'estomac*, un volume.	1	501.403
3858	*Petit coup de mer*, un volume.	2	332.348
3859	*Communication de la pensée*, un volume.	2	425.398
3860	*Communication de la pensée*, un volume.	1	334.766
3861	*Voyage au Théâtre*, un volume.	1	810.417
3862	*Voyage au Théâtre*, un volume.	1	782.778
3863	*Animaux peints*, un volume.	2	207.040
3864	*Kéraban*, un volume.	2	167.401
3865	*Maison à vapeur*, un volume.	2	116.340
3866	*Norbert*, un volume.	1	52.617
3867	*Norbert*, un volume.	1	542.917
3868	*Habitation humaine*, un volume.	1	669.319
3869	*Hôtel de Ville*, un volume.	2	229.568
3870	*La Gileppe*, un volume.	2	492.708
3871	*Bournon*, deux volumes.	1	61.479
3872	*Anthologie des poètes des quinzième et dix-huitième siècles*, un volume.	1	988.425
3873	*Anthologie des poètes des quinzième et dix-huitième siècles*, un volume.	2	982.850
3874	*Anthologie des poètes des quinzième et dix-huitième siècles*, un volume.	2	483.796
3875	*Anthologie des poètes des quinzième et dix-huitième siècles*, un volume.	1	273.386
3876	*Contes pour la jeunesse*, un volume.	1	928.262

NUMÉROS des lots	DÉSIGNATION DES LOTS	NUMÉROS GAGNANTS	
		SÉRIES	BILLETS
3877	*Contes et récits*, un volume.	2	639.374
3878	*Poèmes et récits*, un volume.	2	119.471
3879	Une épingle croissant.	2	771.977
3880	Une broche.	2	68.084
3881	Un atlas.	1	332.345
3882	Un atlas.	2	335.088
3883	Une canne à pêche.	2	321.901
3884	Une canne à pêche.	2	845.464
3885	Une canne à pêche.	2	331.548
3886	Une cravache.	1	388.243
3887	Une garniture bureau.	1	311.465
3888	Une garniture bureau.	2	928.265
3889	Une garniture bureau.	2	912.480
3890	Une garniture bureau.	1	295.810
3891	Une garniture bureau.	2	49.187
3892	Une bretelle pour jeune fille. — Don de M. Davoult.	1	845.460
3893	Un Atlas colonial.	2	368.339
3894	Un Atlas colonial.	2	251.454
3895	Un Atlas colonial.	2	653.103
3896	*Pays basques*, un volume.	1	926.411
3897	*Pays basques*, un volume.	1	167.402
3898	*Pyrénées*, un volume.	2	481.528
3899	*Pyrénées*, un volume.	2	504.545
3900	*Pyrénées*, un volume.	1	401.054
3901	*Pays de Foix*, un volume.	2	501.406
3902	*Pays de Foix*, un volume.	2	474.787
3903	*Pays de Foix*, un volume.	1	608.828
3904	Un chauffe-assiettes douze places.	2	233.023
3905	*Pyrénées*, un volume.	1	68.752
3906	*Pyrénées*, un volume.	2	445.571
3907	*Pyrénées*, un volume.	1	846.126
3908	Une rôtissoire Gosteau.	1	964.846
3909	*L'Invalide à la tête de bois*, un volume.	2	570.392
3910	*L'Invalide à la tête de bois*, un volume.	1	563.141
3911	*L'Invalide à la tête de bois*, un volume.	1	268.269
3912	*L'Invalide à la tête de bois*, un volume.	2	893.716
3913	*L'Invalide à la tête de bois*, un volume.	2	413.330
3914	*L'Invalide à la tête de bois*, un volume.	2	270.514
3915	*Géographie générale*, un volume.	1	708.294
3916	*Géographie générale*, un volume.	2	675.523
3917	*Géographie générale*, un volume.	2	845.466
3918	*Géographie générale*, un volume.	2	326.576
3919	*Géographie générale*, un volume.	2	170.710
3920	*La Divine Comédie*, un volume.	1	170.156
3921	*Paris*, un volume.	2	810.818
3922	*Paris*, un volume.	2	400.752
3923	*Paris*, un volume.	1	90.360
3924	*Paris*, un volume.	1	513.794
3925	Un coffret Saint-Louis. — Don de M. Maugin.	2	992.663
3926	Un bouquet de fleurs. — Don de M. Abadie-Colin.	1	446.364
3927	Une comptabilité (3 registres).	2	561.246
3928	Une comptabilité (3 registres).	2	958.123
3929	Une comptabilité (3 registres).	1	949.074
3930	Une caisse de 6 bouteilles de vin. — Don de M. Vieilhomme.	2	728.178
3931	Une caisse de 6 bouteilles de vin. — Don de M. Vieilhomme.	1	835.329
3932	Une caisse de 6 bouteilles de vin. — Don de M. Vieilhomme.	1	374.243
3933	Une caisse de 6 bouteilles de vin. — Don de M. Vieilhomme.	2	283.522
3934	Une caisse de 6 bouteilles de vin. — Don de M. Vieilhomme.	2	915.203
3935	Une presse à socle. — Don de M. Alary.	2	249.103
3936	Une caisse de 6 bouteilles de vin. — Don de M. Vieilhomme.	2	260.686
3937	Un plateau oriental en laiton.	1	282.137
3938	Une caisse de 6 bouteilles de vin. — Don de M. Vieilhomme.	2	657.946
3939	Une canne. — Don de M. Léon Graffeuil.	2	952.581
3940	Trois mètres ivoire au millimètre.	1	314.954

NUMÉROS des lots	DÉSIGNATION DES LOTS	NUMÉROS GAGNANTS		NUMÉROS des lots	DÉSIGNATION DES LOTS	NUMÉROS GAGNANTS	
		SÉRIES	BILLETS			SÉRIES	BILLETS
3941	Quatre mètres ivoire au centimètre.	2	501.199	3991	*Contes pour les soirées d'hiver*, un volume.	2	731.976
3942	Un pliant nickelé.	1	941.592	3992	*Contes pour les soirées d'hiver*, un volume.	1	834.183
3943	Une comptabilité (3 registres).	2	89.190	3993	*Contes pour les soirées d'hiver*, un volume.	2	591.357
3944	*Notre-Dame de Paris*, un volume.	2	425.392	3994	*Anthologie des poètes français*, un volume.	1	728.192
3945	Une comptabilité (3 registres).	2	833.531	3995	*Anthologie des prosateurs*, un volume.	2	56.627
3946	Une comptabilité (3 registres).	1	52.640	3996	*Poèmes et récits*, un volume.	2	220.342
3947	Une comptabilité (3 registres).	1	761.778	3997	*Poèmes et récits*, un volume.	1	147.520
3948	Une caisse de 6 bouteilles de vin. — Don de M. Vieilhomme.	2	374.218	3998	*Poèmes et récits*, un volume.	1	137.007
3949	Une caisse de 6 bouteilles de vin. — Don de M. Vieilhomme.	2	962.498	3999	*Contes et récits*, un volume.	1	652.531
3950	Une caisse de 6 bouteilles de vin. — Don de M. Vieilhomme.	2	573.055	4000	*Contes et récits*, un volume.	2	593.306
3951	Une caisse de 6 bouteilles de vin. — Don de M. Vieilhomme.	1	481.529	4001	Un bébé avec chaise.	2	9.520
3952	Une caisse de 6 bouteilles de vin. — Don de M. Vieilhomme.	2	12.695	4002	Une jumelle 10 lignes.	1	447.120
3953	Une caisse de 6 bouteilles de vin. — Don de M. Vieilhomme.	1	912.471	4003	Une jumelle artillerie 10 lignes.	2	556.119
3954	Une caisse de 6 bouteilles de vin. — Don de M. Vieilhomme.	1	958.859	4004	*Histoire de l'Hôtel de Ville*, un volume.	1	156.605
3955	Une caisse de 6 bouteilles de vin. — Don de M. Vieilhomme.	2	802.550	4005	*Histoire de l'Hôtel de Ville*, un volume.	2	801.983
3956	Une caisse de 6 bouteilles de vin. — Don de M. Vieilhomme.	1	489.145	4006	*Histoire de l'Hôtel de Ville*, un volume.	2	548.149
3957	Une caisse de 6 bouteilles de vin. — Don de M. Vieilhomme.	1	315.989	4007	*Histoire de l'Hôtel de Ville*, un volume.	1	860.347
3958	Une caisse de 6 bouteilles de vin. — Don de M. Vieilhomme.	2	580.755	4008	*Histoire de l'Habitation humaine*, un volume.	2	994.086
3959	Une caisse de 6 bouteilles de vin. — Don de M. Vieilhomme.	1	635.738	4009	Un châle. — Don de M. E. Lemaire.	1	988.423
3960	Une caisse de 6 bouteilles de vin. — Don de M. Vieilhomme.	1	901.263	4010	*Académie des sciences*, Maindron, un volume. — Don de M. Félix Alcan.	1	134.008
3961	Une caisse de 6 bouteilles de vin. — Don de M. Vieilhomme.	1	653.437	4011	*Les Piétrements*, un volume. — Don de M. Félix Alcan.	1	954.884
3962	Une caisse de 6 bouteilles de vin. — Don de M. Vieilhomme.	2	159.473	4012	*Les Ages de pierre*, un volume. — Don de M. Félix Alcan.	2	68.757
3963	*Guide de l'organiste*, un volume.	2	845.468	4013	Une cravache.	2	155.096
3964	Planquette, un volume.	2	708.298	4014	Une cravache.	1	831.691
3965	Atlas colonial, un volume.	2	481.100	4015	*Etoile des Fées*, un volume. — Don de M. Charpentier.	2	769.814
3966	Un porte-fusils à 4 crochets.	2	116.338	4016	*Princesse Méduse*, un volume. — Don de M. Charpentier.	1	1.019
3967	Un sous-main.	1	835.214	4017	Un châle. — Don de M. E. Lemaire.	1	386.208
3968	Quatre carnets de poche.	2	957.630	4018	*Le Démon*, partition.	1	792.100
3969	Quatre carnets de poche.	1	887.899	4019	*Le Démon*, partition.	2	563.144
3970	Un carnet cuir grenat.	2	771.013	4020	*Le Démon*, partition.	2	179.859
3971	Un globe terrestre.	1	972.946	4021	Une cafetière russe.	1	650.490
3972	Un globe terrestre.	2	742.589	4022	*Pays de Foix*, un volume.	1	323.789
3973	Six paires de gants. — Don de M. Trefousse.	2	802.838	4023	Douze paires de gants fil blanc. — Don de MM. C. Neyret et Cie.	1	683.553
3974	Six paires de gants. — Don de M. Trefousse.	2	507.908	4024	*Pays de Foix*, un volume.	1	513.791
3975	Six paires de gants. — Don de M. Trefousse.	2	537.463	4025	Une caisse de 10 bouteilles vermouth et liqueurs. — Don de MM. Cora frères.	2	885.739
3976	Six paires de gants. — Don de M. Trefousse.	1	263.888	4026	*Pays de Foix*, un volume.	2	287.041
3977	Six paires de gants. — Don de M. Trefousse.	2	959.637	4027	Une caisse de 10 bouteilles vermouth et liqueurs. — Don de MM. Cora frères.	1	885.218
3978	Un vase sujet émail.	2	571.631	4028	*Pays basques*, un volume.	1	270.909
3979	*Histoire de l'habitation humaine*, un volume.	2	915.207	4029	Une caisse de 10 bouteilles vermouth et liqueurs. — Don de MM. Cora frères.	1	808.057
3980	Douze litres vinaigre Pennès. — Don de M. Pennès fils.	2	537.467	4030	*Pays basques*, un volume.	2	495.582
3981	Vingt-quatre caisses vinaigre Pennès. — Don de M. Pennès fils.	2	81.106	4031	Une caisse de 10 bouteilles vermouth et liqueurs. — Don de MM. Cora frères.	1	957.694
3982	Un portefeuille échéances.	2	989.263	4032	*Pays Basques*, un volume.	2	159.198
3983	*Histoire de l'habitation humaine*, un volume.	2	835.326	4033	Une caisse de 10 bouteilles vermouth et liqueurs. — Don de MM. Cora frères.	2	479.997
3984	*Histoire de l'habitation humaine*, un volume.	2	451.484	4034	*Pays Basques*, un volume.	2	235.211
3985	*Histoire de l'habitation humaine*, un volume.	1	463.086	4035	Six paires de gants. — Don de MM. C. Neyret et Ce.	1	957.058
3986	*Histoire d'un hôtel de ville*, un volume.	2	270.906	4036	Molière, cinq volumes.	1	374.512
3987	*Contes et récits*, un volume.	1	433.347	4037	Un dictionnaire illustré. — Don de M. A. Colin.	1	546.042
3988	*Contes et récits*, un volume.	2	40.911	4038	Molière, cinq volumes.	2	900.955
3989	*Contes pour les soirées d'hiver*, un volume.	2	941.597	4039	Molière, cinq volumes.	1	909.005
3990	*Contes pour les soirées d'hiver*, un volume.	1	900.956	4040	Molière, cinq volumes.	1	558.544
				4041	Molière, cinq volumes.	2	981.624
				4042	Six mètres flanelle rayée.	2	195.998
				4043	*Femmes de France*, un volume.	2	949.073
				4044	*Prédicateurs*, un volume.	2	408.662
				4045	Un boîte aquarelle.	2	176.431
				4046	Six jeux de cartes.	1	278.416
				4047	Six jeux de cartes.	2	589.982
				4048	Deux brosses à habits. — Don de M. Roux.	1	706.794

NUMÉROS des lots.	DÉSIGNATION DES LOTS	NUMÉROS GAGNANTS	
		SÉRIES	BILLETS
4049	Une douzaine de vues.	2	1.020
4050	Une épreuve *Dôme central.*	1	887.920
4051	Une canne à pêche.	2	97.235
4052	Une épreuve *Dôme central.*	1	16.611
4053	Une épreuve *Dôme central.*	1	801.371
4054	Une douzaine de vues.	2	129.680
4055	Une douzaine de vues.	1	504.265
4056	Une douzaine de vues.	2	201.849
4057	Une douzaine de vues.	1	675.528
4058	Une épreuve *Dôme central.*	1	326.573
4059	Une épreuve *Dôme central.*	2	834.182
4060	Molière, un volume.	1	652.535
4061	Molière, un volume.	1	869.254
4062	Molière, un volume.	1	868.273
4063	Deux brosses à habits. — Don de M. Roux.	1	163.371
4064	Un pèse-lettres.	2	319.024
4065	Un porte-crayon ciselé vieil argent.	1	537.462
4066	Un porte-mine argent et ivoire.	2	294.236
4067	Un tapis.	1	831.548
4068	Un coupon drap.	1	556.118
4069	Un appareil photographique.	1	728.200
4070	Un coupon drap.	2	915.201
4071	Un appareil photographique.	2	972.602
4072	Une coupe étoffe pour robe.	1	62.086
4073	Un cartable de cours mouton.	1	652.539
4074	Six jeux de cartes.	2	624.500
4075	Six jeux de cartes.	1	640.612
4076	Six jeux de cartes.	1	771.554
4077	Six jeux de cartes.	1	771.559
4078	Six jeux de cartes.	2	978.790
4079	Une gravure Amsterdam.	2	722.742
4080	Une gravure La Haye 40/50, n° 237.	2	108.559
4081	Une gravure Londres 40/50, n° 182.	2	415.565
4082	Une gravure Dresde 40/50, n° 171.	2	88.461
4083	Une gravure Louvre 40/50, n° 2263.	1	835.327
4084	Une gravure Courbet.	1	325.470
4085	Une gravure Louvre 40/50, n° 2082.	1	361.275
4086	Une gravure Louvre 40/50, n° 1412.	2	159.786
4087	Une gravure moderne 40/50, n° 2283.	1	980.454
4088	Une gravure Dresde 40/50, n° 160.	2	597.685
4089	Une gravure Luxembourg 40/50, n° 36.	1	517.711
4090	Une gravure moderne 40/50, n° 2166.	1	170.705
4091	Une gravure moderne 40/50, n° 2619.	2	207.032
4092	Une gravure moderne 40/50, n° 3299.	2	371.517
4093	Une gravure moderne 40/50, n° 3184.	2	187.845
4094	Une gravure moderne 40/50, n° 3173.	1	831.185
4095	Une gravure moderne 40/50, n° 2161.	2	629.915
4096	Une gravure moderne 40/50, n° 3298.	2	2.544
4097	Une gravure moderne 40/50, n° 2124.	1	938.351
4098	Une gravure moderne 40/50, n° 2761.	2	550.232
4099	Une gravure moderne 40/50, n° 3154.	2	683.556
4100	Une gravure moderne 40/50, n° 3194.	1	585.886
4101	Une gravure moderne 40/50, n° 2980.	1	316.974
4102	Une gravure moderne 40/50, n° 9449.	1	867.120
4103	*Lectures de famille*, un volume.	2	527.105
4104	*Lectures de famille*, un volume.	1	481.097
4105	*Les Chefs-d'œuvre classiques du piano*, un volume.— Don de M. A. Pigoreau.	2	970.565
4106	*Lectures de famille*, un volume.	2	222.072
4107	Un porte-plume écaille blonde.	1	610.191
4108	Un porte-plume grande plume naturelle, *Argus.*	1	81.107
4109	Un porte-mine magique doublé.	1	750.683
4110	Un carton à musique cuir japon.	2	546.047
4111	Un porte-musique Japon.	1	901.261
4112	*Notre-Dame de Paris*, deux volumes.	1	16.615
4113	*Notre-Dame de Paris*, deux volumes.	1	831.693
4114	*Notre-Dame de Paris*, deux volumes.	1	642.018
4115	*Notre-Dame de Paris*, deux volumes.	1	509.812
4116	*Notre-Dame de Paris*, deux volumes.	1	494.886
4117	Une chaise.	1	486.533
4118	*Lectures de famille*, un volume.	1	527.102
4119	*Nos généraux*, un volume.	1	323.781
4120	*Nos généraux*, un volume.	1	623.540
4121	*Nos généraux*, un volume.	2	475.972
4122	*Œuvres choisies*, Andrieux. — Don de M. Victorion et Cie.	2	121.326
4123	*Nos généraux*, un volume.	2	445.573
4124	*Nos généraux*, un volume.	2	474.096
4125	Un abat-jour. — Don de M. Henry.	2	301.488
4126	Un abat-jour. — Don de M. Henry.	2	646.062
4127	Un châle nouveauté.	2	384.692
4128	*Œuvres choisies*, un volume.	2	605.219
4129	*Diable à Paris*, quatre volumes.	1	83.734
4130	*Hermann*, un volume.	2	945.699
4131	Un plat tête moyen âge.	2	578.766
4132	Un plat tête moyen âge.	2	869.253
4133	Un mètre ivoire cinq branches.	1	909.001
4134	Un mètre ivoire cinq branches.	2	29.264
4135	Un mètre cinq branches.	2	964.697
4136	Quatre boîtes papier à lettres.	1	782.780
4137	Quatre boîtes papier à lettres.	1	918.517
4138	Quatre boîtes papier à lettres.	1	233.030
4139	*Jardin de Jeanne*, un volume.	2	585.884
4140	*Découverte de Jean*, un volume.	2	249.105
4141	*Pourquoi de Suzanne*, un volume.	2	381.858
4142	*Parce que de Suzanne*, un volume.	2	500.309
4143	Une broche.	2	771.975
4144	*Œuvres de Flaubert*, deux volumes.	1	446.369
4145	*Œuvres de Flaubert*, deux volumes.	1	326.579
4146	*Œuvres de Flaubert*, deux volumes.	2	708.300
4147	*Œuvres de Flaubert*, deux volumes.	2	90.858
4148	Deux cache-pots.	2	641.554
4149	Deux nacres peintes.	1	187.850
4150	Deux nacres peintes.	2	964.850
4151	Deux nacres peintes.	1	768.746
4152	Deux nacres peintes.	1	954.288
4153	Deux nacres peintes.	1	158.840
4154	Une canne à pêche.	1	862.831
4155	*Lectures de famille*, un volume.	1	10.619
4156	Un porte-fusils à quatre pieds de chevreuil.	2	892.015
4157	Quatre carnets de poche.	2	501.404
4158	Quatre carnets veau et soie.	2	999.443
4159	Un sac de cours.	2	325.467
4160	*Fleurs d'or*, un volume.	1	482.488
4161	*Entre deux océans*, un volume.	1	9.784
4162	*Papa Schmetz*, un volume.	1	391.242
4163	*Roi des pauvres*, un volume.	1	150.719
4164	*Muller Nizette*, un volume.	2	716.238
4165	Un vêtement fillette.	2	689.650
4166	*Pages d'autrefois*, un volume.	2	918.520
4167	Une robe laine.	2	998.138
4168	Une robe laine.	1	451.481
4169	Une robe laine.	1	723.176
4170	Une robe laine.	2	249.107
4171	Une robe laine.	2	859.527
4172	*Farce de Pathelin*, un volume.	1	323.787
4173	Un dessus de piano. — Don de M. P. Duché.	2	546.049
4174	*Farce de Pathelin*, un volume.	2	490.198
4175	*Farce de Pathelin*, un volume.	2	305.173
4176	*Pages d'autrefois*, un volume.	1	478.041
4177	*Farce de Pathelin*, un volume.	1	994.085
4178	*Farce de Pathelin*, un volume.	1	459.860
4179	*Pages d'autrefois*, un volume.	2	481.145
4180	*Pages d'autrefois*, un volume.	1	923.989
4181	*Pages d'autrefois*, un volume.	1	869.258
4182	Un pèse-lettres.	2	705.331
4183	*Œuvres de Gavarni*, un volume. — Don de M. Hetzel.	2	49.483
4184	*Lalla-Roukh*, partition.	2	224.625
4185	*Contes d'amor*, un volume.	2	909.008
4186	*Contes d'amor*, un volume.	1	337.544
4187	*Contes d'amor*, un volume.	2	580.757

NUMÉROS des lots.	DÉSIGNATION DES LOTS	NUMÉROS GAGNANTS		NUMÉROS des lots.	DÉSIGNATION DES LOTS	NUMÉROS GAGNANTS	
		SÉRIES	BILLETS			SÉRIES	BILLETS
4188	*Contes d'amor*, un volume.	1	962.045	4249	Une robe de jour — Don de la grande chancellerie de Saint-Denis.	1	524.364
4189	*Contes d'amor*, un volume.	2	121.829	4250	Une tasse avec soucoupe. — Don de la grande chancellerie de Saint-Denis.	1	107.156
4190	Une voiture de poupée garnie bleu ciel.	2	636.438	4251	*Bournon*, un volume.	1	121.322
4191	*Révolution de 1870*, un volume.	2	180.286	4252	*Naurouze*, un volume.	2	622.205
4192	*Révolution de 1870*, un volume.	1	723.174	4253	*Naurouze*, un volume.	2	12.693
4193	*Révolution de 1870*, un volume.	1	517.434	4254	Six paires bas d'enfant. — Don de M. Geoffroy-Damoiseau.	2	427.480
4194	*Révolution de 1870*, un volume.	1	856.514	4255	Cinq paires bas de femme. — Don de M. Geoffroy-Damoiseau.	2	121.821
4195	*Revolution de 1870*, un volume.	1	97.240	4256	Un fichu. — Don de M. Franck.	2	791.773
4196	*Révolution de 1789*, un volume.	1	894.741	4257	Une tente d'enfant. — Don de Mme Ve Jacquelin.	1	486.537
4197	*Révolution de 1789*, un volume.	2	90.851	4258	*Contrées mystérieuses*, un volume.	1	491.554
4198	*Révolution de 1789*, un volume.	2	995.411	4259	Un corset. — Don de Mme Thérèse Fédoux.	1	108.179
4199	*Révolution de 1789*, un volume.	2	515.123	4260	Un vêtement garçonnet. — Don de « the Indiarubber gutta percha and telegraph Works compaguy. »	2	972.610
4200	*Revolution de 1789*, un volume.	1	672.271	4261	Quatre boîtes papier à lettres.	1	260.687
4201	Ouvrages divers, cinq volumes.	2	831.698	4262	Vingt-quatre flacons vinaigre Pennès.— Don de M. Pennès fils.	2	201.847
4202	Ouvrages divers, cinq volumes.	1	423.086	4263	Un collier de chien.	1	701.657
4203	Ouvrages divers, cinq volumes.	2	959.792	4264	*Chili et Chiliens*, un volume.	1	358.465
4204	Ouvrages divers, cinq volumes.	1	126.489	4265	*Chili et Chiliens*, un volume.	1	109.623
4205	Ouvrages divers, cinq volumes.	2	922.217	4266	*Chili et Chiliens*, un volume.	2	771.015
4206	Ouvrages divers, cinq volumes.	2	958.356	4267	*Chili et Chiliens*, un volume.	1	475.915
4207	Ouvrages divers, cinq volumes.	1	725.817	4268	Une canne bambou béquille argent.	1	954.890
4208	Ouvrages divers, cinq volumes.	1	432.028	4269	Une canne bambou béquille argent.	2	915.288
4209	Ouvrages divers, cinq volumes.	2	2.723	4270	Une canne bambou béquille argent.	2	959.798
4210	Ouvrages divers, cinq volumes.	1	489.143	4271	Une banquette.	2	229.564
4211	*L'Homme à l'oreille cassée*, un volume.	1	739.550	4272	Trois mètres flanelle rayée.	2	860.348
4212	*L'Homme à l'oreille cassée*, un volume.	1	959.591	4273	*Histoire* (Poncin), un volume.	2	109.622
4213	*L'Homme à l'oreille cassée*, un volume.	1	636.437	4274	*Histoire* (Poncin), un volume.	1	962.041
4214	*L'Homme à l'oreille cassée*, un volume.	1	650.488	4275	Un tapis.	1	398.589
4215	*L'Homme à l'oreille cassée*, un volume.	2	723.175	4276	Un tapis.	2	636.440
4216	*Roman d'un brave homme*, un volume.	2	423.065	4277	Un tapis.	2	901.879
4217	*Roman d'un brave homme*, un volume.	2	2.727	4278	Un tapis.	2	196.526
4218	*Roman d'un brave homme*, un volume.	1	550.243	4279	Un tapis.	2	730.345
4219	*Roman d'un brave homme*, un volume.	1	394.749	4280	Un tapis.	1	639.202
4220	*Roman d'un brave homme*, un volume.	2	518.846	4281	Un tapis.	2	922.215
4221	*Mélodies*. — Don de M. Durand-Schœnewerk.	2	31.615	4282	Un tapis.	2	610.884
4222	*Mélodies*. — Don de M. Durand-Schœnewerk.	1	172.662	4283	Un tapis.	2	795.546
4223	*L'Amour médecin*, un volume. — Don de M. Durand-Schœnewerk.	2	43.087	4284	Un tapis.	1	715.770
4224	*Bibliothèque des fanfares*, un volume.	1	922.214	4285	Un tapis.	1	629.916
4225	Douze morceaux pour piano.	2	474.109	4286	Un tapis.	1	509.814
4226	*Dix mois à la côte orientale d'Afrique*, un volume.	1	965.669	4287	Une garniture de cheminée, soufflet et balai.	2	881.840
4227	*Dix mois à la côte orientale d'Afrique*, un volume.	1	608.822	4288	Un tapis.	1	475.385
4228	*Les Perles fines*, un volume.	2	682.663	4289	Un tapis.	1	68.087
4229	Un vase forme tulipe. — Don de M. Audibert.	2	425.400	4290	Un tapis.	1	356.520
4230	Une couverture.	2	610.686	4291	Un tapis.	2	492.706
4231	Un vase forme tulipe. — Don de M. Audibert.	2	962.500	4292	Un pèse-lettres.	2	653.109
4232	Une boîte de retouche.	1	431.464	4293	*Histoire d'un crime*, un volume.	2	721.775
4233	Une boîte de retouche.	2	715.767	4294	Un remontoir métal.	2	801.989
4234	Une boîte de retouche.	1	665.690	4295	Un remontoir métal.	1	481.099
4235	Cinq boîtes papier à lettres.	1	326.575	4296	Un remontoir métal.	1	228.084
4236	Un pot en bois sculpté.	2	79.792	4297	Un remontoir métal.	2	281.564
4237	Une ceinture laine et soie.	2	524.863	4298	Un remontoir métal.	1	109.629
4238	Une ceinture laine et soie.	2	529.846	4299	Un remontoir métal.	1	825.005
4239	*Chili et Chiliens*, un volume.	1	636.493	4300	Un remontoir métal.	2	972.608
4240	Un parapluie. — Don de MM. Cavert et d'Hangest.	2	795.548	4301	Un remontoir métal.	1	229.561
4241	Un parapluie. — Don de MM. Cavert et d'Hangest.	2	990.320	4302	Un remontoir métal.	2	912.476
4242	Un parapluie. — Don de MM. Cavert et d'Hangest.	1	972.603	4303	Un remontoir métal.	1	159.199
4243	Un chevalet américain grand modèle.— Don de MM. Pignel et Dupont.	1	657.949	4304	Un remontoir métal.	2	561.244
4244	Un chevalet américain grand modèle.— Don de MM. Pignel et Dupont.	2	305.764	4305	Deux boîtes papier à lettres.	2	97.231
4245	Un lit fer. — Don de M. F. Ponthus.	2	907.535	4306	Un remontoir métal.	1	273.390
4246	Une robe d'enfant. — Don de la grande chancellerie de Saint-Denis.	2	650.488	4307	Un remontoir métal.	2	108.172
4247	Une robe d'enfant. — Don de la grande chancellerie de Saint-Denis.	1	251.459	4308	Un remontoir métal.	2	446.366
				4309	Un remontoir métal.	2	639.378
				4310	Un remontoir métal.	1	742.588
				4311	Un remontoir métal.	1	278.382
4248	Une matinée. — Don de la grande chancellerie de Saint-Denis.	2	840.364	4312	Un remontoir métal.	1	500.308
				4313	Un remontoir métal.	2	799.889

NUMÉROS des lots.	DÉSIGNATION DES LOTS	NUMÉROS GAGNANTS	
		SÉRIES	BILLETS
4314	Un remontoir métal.	2	957.691
4315	Un portefeuille ministre mouton.	2	622.262
4316	Un remontoir métal.	1	299.434
4317	Un remontoir métal.	1	860.894
4318	Un remontoir métal.	1	624.964
4319	Un remontoir métal.	2	394.748
4320	Un remontoir métal.	1	784.631
4321	Un remontoir métal.	2	11.970
4322	*Géographie générale*, un volume.	2	996.481
4323	Quatre boîtes papier à lettres.	1	578.767
4324	Six paires de jarretières et bretelles. — Don de M. Lacroix.	2	325.469
4325	Une boîte crayons.	1	548.144
4326	Une boîte crayons.	2	836.579
4327	*Racine*, un volume.	1	819.415
4328	*Corneille*, un volume.	1	968.777
4329	*Corneille*, un volume.	2	978.782
4330	*Corneille*, un volume.	1	964.847
4331	*Racine*, un volume.	1	909.003
4332	*Racine*, un volume.	1	483.799
4333	Une paire de porte-fusils à trois crochets.	1	619.342
4334	Trois boîtes papier à lettres.	1	207.372
4335	Quatre carnets cuir de Russie.	1	871.847
4336	Quatre carnets cuir de Russie.	2	177.112
4337	Un bloc-notes maroquin avec calendrier.	1	693.848
4338	*Géographie générale*, un volume.	1	931.993
4339	*Géographie générale*, un volume.	1	742.584
4340	*Géographie générale*, un volume.	1	112.198
4341	*Géographie générale*, un volume.	1	835.220
4342	Un coussin à air. — Don de MM. Martiny, Vestraët et Cⁱᵉ.	2	629.798
4343	Un coussin à air. — Don de MM. Martiny, Vestraët et Cⁱᵉ.	1	332.343
4344	Un coussin à air. — Don de MM. Martiny, Vestraët et Cⁱᵉ.	1	900.952
4345	Trois boîtes papier à lettres.	1	56.535
4346	Un portefeuille billets de banque mouton.	2	305.179
4347	Six jeux de cartes.	1	693.641
4348	Six jeux de cartes.	2	2.538
4349	Six jeux de cartes.	2	379.887
4350	Deux boîtes papier à lettres et une demi-boîte cire couleur.	2	915.286
4351	*Guide à Fontainebleau et au Mont-Saint-Michel*, deux volumes. — Don de M. André Daly fils.	1	702.462
4352	*Guide à Fontainebleau et au Mont-Saint-Michel*, deux volumes. — Don de M. André Daly fils.	1	789.868
4353	Une boîte papier satiné, cuir Japon.	1	571.640
4354	Un classeur.	1	187.848
4355	Un buvard cuir Japon.	1	565.453
4356	Un plat, *Gardeuse de dindons*, cadre bois noir.	2	287.045
4357	Un plat, *Gardeuse de dindons*, cadre bois noir.	2	994.090
4358	Un fouet.	2	427.474
4359	Une coupe drap de 1ᵐ 20 pour pantalon.	1	459.875
4360	Maigne, *Histoire de l'industrie*, un volume.	2	507.032
4361	Maigne, *Histoire de l'industrie*, un volume.	2	981.630
4362	Maigne, *Histoire de l'industrie*, un volume.	2	492.702
4363	Une boîte papier à dessert.	2	693.845
4364	Une boîte papier à dessert.	2	600.363
4365	Une boîte papier à dessert.	2	949.075
4366	Une boîte aquarelle.	1	760.795
4367	Un pliant simple nickelé.	1	423.064
4368	Un pliant.	1	79.908
4369	Un pliant. — Don de M. Lamare.	2	808.054
4370	Une canne à pêche.	1	833.538
4371	Quatre boîtes papier à lettres.	2	41.554

NUMÉROS des lots.	DÉSIGNATION DES LOTS	NUMÉROS GAGNANTS	
		SÉRIES	BILLETS
4372	Deux boîtes papier à lettres.	1	112.192
4373	Deux boîtes papier à lettres.	2	12.699
4374	Deux boîtes papier à lettres.	2	833.539
4375	Quatre boîtes papier à lettres.	2	652.532
4376	*Montagne bleue*, un volume. — Don de M. Victorion.	2	391.241
4377	Cinq corrigés.	2	294.232
4378	*Histoire contemporaine*, deux volumes.	1	895.369
4379	*Histoire contemporaine*, deux volumes.	2	530.687
4380	*Histoire contemporaine*, deux volumes	2	400.760
4381	*Histoire contemporaine*, deux volumes.	1	216.013
4382	*Histoire contemporaine*, deux volumes.	2	635.731
4383	*Richard Cœur-de-Lion*, un volume.	2	683.573
4384	*Les Noces de Figaro*, un volume.	2	761.777
4385	*Le Barbier de Séville*, un volume.	2	564.413
4386	*Histoire contemporaine*, deux volumes.	2	513.12(
4387	*Morale mondaine*, un volume.	1	260.685
4388	*Morale mondaine*, un volume.	1	768.687
4389	*Morale mondaine*, un volume.	2	310.314
4390	*Morale mondaine*, un volume.	1	570.395
4391	*Sagesse de poche*, un volume.	2	901.266
4392	*Sagesse de poche*, un volume.	2	12.691
4393	*Vous et moi*, un volume.	1	515.681
4394	*Sagesse de poche*, un volume.	2	956.940
4395	*Vous et moi*, un volume.	1	31.721
4396	*Vous et moi*, un volume.	1	451.834
4397	Un *Twain Huck-Finn*, un volume.	1	845.467
4398	*Twain Tom Swyer*, un volume.	2	146.504
4399	*Maison rustique des enfants*, un volume. — Don de M. L. Bourguignon.	2	581.216
4400	*Maison rustique des enfants*, un volume. — Don de M. L. Bourguignon.	2	331.549
4401	*Maison rustique des enfants*, un volume. — Don de M. Bourguignon.	1	494.888
4402	*Maison rustique des enfants*, un volume. — Don de M. Bourguignon.	1	56.828
4403	*Maison rustique des enfants*, un volume. — Don de M. Bourguignon.	1	835.325
4404	Un porte-mine magique doré.	1	49.184
4405	Un porte-plume nacre.	2	301.484
4406	Un porte-plume argent.	2	85.054
4407	Un porte-plume ivoire.	2	305.706
4408	Un porte-fusain argent.	2	243.173
4409	Huit paires boutons de manchettes. — Don de M. Nadal.	2	501.402
4410	Un couteau à papier argent et nacre.	2	706.799
4411	*Hugues Huck*, un volume.	2	150.712
4412	*Hugues Huck*, un volume.	1	708.295
4413	Un costume. — Don de MM. Dugué, Pénicaud et Cⁱᵉ.	2	983.474
4414	*Contes choisis*, un volume.	1	170.709
4415	*Contes à Ninon*, un volume.	2	504.270
4416	Un pliant.	1	176.440
4417	*Livre de minuit*, un volume.	2	423.069
4418	*Livre de minuit*, un volume.	2	627.596
4419	*Livre de minuit*, un volume.	1	9.517
4420	*Maximes de la vie*, un volume.	2	769.816
4421	*Livre de minuit*, un volume.	1	881.853
4422	*A travers la vie*, un volume.	2	542.920
4423	*A travers la vie*, un volume.	1	459.856
4424	*A travers la vie*, un volume.	2	525.900
4425	*A travers la vie*, un volume.	2	299.481
4426	*Maximes de la vie*, un volume.	2	331.544
4427	*Maximes de la vie*, un volume.	2	771.552
4428	*Maximes de la vie*, un volume.	2	49.185
4429	*Nouveaux contes*, un volume.	1	219.388
4430	*Mˡˡᵉ de la Seiglière*, un volume.	1	425.395
4431	*L'Ecrin d'un conteur*, un volume.	2	155.098
4432	*Dʳ Herbeau*, un volume.	1	999.444
4433	*Lui et Elle*, un volume.	1	399.061
4434	*Contes et nouvelles*, un volume.	1	710.469
4435	Deux boîtes papier à lettres.	1	706.593
4436	Un jeu de brosses, 4 pièces. — Don de MM. Cheville et fils.	1	605.212

NUMÉROS des lots	DÉSIGNATION DES LOTS	NUMÉROS GAGNANTS	
		SÉRIES	BILLETS
4437	Une paire de bretelles. — Don de M. Davoult.	1	442.257
4438	*Surprise de l'Amour*, un volume. — Don de M. Durand-Schœnewerk.	1	332.341
4439	Un collet de chasse. — Don de MM. Bar et Lecoq.	2	983.480
4440	Un sous-main maroquin anglais.	1	578.761
4441	Un buvard parisien maroquin, filets or.	2	489.142
4442	Un sous-main.	2	831.735
4443	Un sous-main.	1	85.350
4444	Un sous-main.	2	378.658
4445	*Inventaire de ma chambre et Souvenirs d'une pensionnaire*, deux volumes.	2	381.854
4446	*Inventaire de ma chambre*, un volume, et une boîte papier à lettres.	2	693.841
4447	*Inventaire de ma chambre*, un volume, et une demi-boîte cire.	1	801.988
4448	*Inventaire de ma chambre*, un volume, et un collier de chien.	1	74.097
4449	*Inventaire de ma chambre et Souvenirs d'une pensionnaire*, deux volumes.	2	233.021
4450	*Souvenirs d'une pensionnaire*, un volume, et une comptabilité.	2	180.288
4451	*Souvenirs d'une pensionnaire*, un volume, et un pantin.	1	868.277
4452	*Souvenirs d'une pensionnaire*, un volume, et un pantin.	2	888.916
4453	*Souvenirs d'une pensionnaire*, un volume, et un miroir.	1	840.367
4454	Un thermomètre, un collier de chien et deux boîtes papier à lettres.	2	221.623
4455	*Inventaire de ma chambre*, un volume, et un miroir. — Don de M. Bricon.	2	283.529
4456	*Inventaire de ma chambre*, un volume, et un miroir. — Don de M. Bricon.	2	982.513
4457	*La loi*, un volume.	1	305.838
4458	*La loi*, un volume. — Don de M. A. Colin.	2	222.076
4459	Une boîte musique manivelle, deux airs.	2	836.373
4460	Une garniture de trois plumeaux. — Don de M. Baudry.	2	223.085
4461	Une chaufferette.	1	705.834
4462	Une chaufferette.	2	650.487
4463	Une chaufferette.	2	249.101
4464	Une boîte de 13 douzaines ronds bords dorés.	2	29.741
4465	Une boîte de 13 douzaines ronds bords dorés.	2	756.962
4466	Une boîte de 29 douzaines ronds d'assiettes en papier.	1	844.788
4467	Un cadran horaire et cinq corrigés.	2	269.935
4468	Une boîte de 29 douzaines ronds d'assiettes en papier.	1	333.792
4469	Un cadran horaire et deux boîtes papier à lettres.	2	334.698
4470	Un pantin et un porte-allumettes suédois émaux.	1	356.516
4471	Un pantin et un bougeoir avec bobèche.	2	364.280
4472	Trois boîtes de papier à lettres et un miroir.	1	530.686
4473	Une douzaine de porte-plumes et un miroir.	2	263.387
4474	Une douzaine de porte-plumes et un miroir.	2	420.426
4475	Un miroir et un porte-allumettes suédois craquelé.	1	119.476
4476	Un miroir et un porte-allumettes suédois, émaux.	2	665.158
4477	*Livre des Jeunes mères*, un volume, et un miroir.	1	838.249
4478	Un pantin et le *Livre des Jeunes mères*, un volume.	1	570.399
4479	Un pantin et le *Livre des Jeunes mères*, un volume.	2	305.837
4480	Un pantin et le *Livre des Jeunes mères*, un volume.	2	381.860
4481	*Maison rustique des dames*, deux volumes.	1	945.698
4482	Une barbe, dentelle duchesse.	2	446.368
4483	*Maison rustique des dames*, deux volumes.	1	810.080

NUMÉROS des lots	DÉSIGNATION DES LOTS	NUMÉROS GAGNANTS	
		SÉRIES	BILLETS
4484	*Maison rustique des dames*, deux volumes.	2	675.527
4485	*Maison rustique des dames*, deux volumes.	1	650.484
4486	Un pantin et une douzaine de porte-plumes.	1	295.808
4487	Un pantin et une douzaine de porte-plumes.	2	180.284
4488	Chauvin, *Littérature*, deux volumes.	1	494.890
4489	*Voyage à Segou*, un volume.	2	172.603
4490	*Voyage à Segou*, un volume.	2	52.635
4491	Un pliant-fauteuil.	2	293.483
4492	Un sous-main maroquin anglais.	1	589.937
4493	Rambaud, *France coloniale*, un volume.	1	750.689
4494	Rambaud, *France coloniale*, un volume.	1	739.575
4495	Un paquet de mastic Lefort. — Don de M. Lhomme-Lefort.	1	982.512
4496	Un paquet de mastic Lefort. — Don de M. Lhomme-Lefort.	2	672.274
4497	Un paquet de mastic Lefort. — Don de M. Lhomme-Lefort.	1	900.833
4498	Trois carnets.	1	901.878
4499	Trois carnets.	1	116.331
4500	Trois carnets.	2	220.348
4501	Trois carnets.	1	116.339
4502	Six boîtes de plumes.	2	74.093
4503	Six boîtes de plumes.	2	287.047
4504	Soleillet, *Voyage à Segou*, un volume.	2	710.464
4505	Soleillet, *Voyage à Segou*, un volume.	2	662.845
4506	Soleillet, *Voyage à Segou*, un volume.	2	671.763
4507	Soleillet, *Voyage à Segou*, un volume.	1	564.412
4508	Un collier de chien.	2	96.766
4509	Un collier de chien.	1	61.473
4510	*Codes et Lois*, un volume.	1	85.659
4511	*Codes et Lois*, un volume.	1	857.780
4512	*Codes et Lois*, un volume.	1	2.730
4513	Une couverture coton.	1	585.882
4514	Chauvin, *Littérature*, deux volumes.	1	723.180
4515	Une bibliothèque de connaissances utiles, cinq volumes et cinq corrigés.	2	463.084
4516	*Codes et Lois*, un volume.	2	992.661
4517	Une bibliothèque de connaissances utiles, cinq volumes et cinq corrigés.	1	222.079
4518	*Mélodies*, un volume.	2	905.664
4519	Un pantin et un thermomètre.	2	624.963
4520	Bordier, *Géographie médicale*, un volume.	1	252.554
4521	Un miroir et un collier de chien.	2	784.632
4522	Bordier, *Géographie médicale*, un volume.	2	282.140
4523	Un miroir et une jarretelle. — Don de Mᵐᵉ Bouchet-Dedieu.	1	983.004
4524	*Choses vues*, un volume.	2	575.671
4525	Un miroir et une jarretelle. — Don de Mᵐᵉ Bouchet-Dedieu.	1	532.905
4526	*Mélodies*, un volume.	1	765.275
4527	Un pantin et un fouet.	2	964.848
4528	Bordier, *Géographie médicale*, un volume.	1	957.627
4529	Un miroir et un thermomètre verni noir.	2	309.978
4530	Bordier, *Géographie médicale*, un volume.	2	75.503
4531	Une *Bibliothèque des Connaissances utiles*, cinq volumes, et cinq corrigés.	2	365.229
4532	Foncin, *Géographie historique*, un volume.	2	912.472
4533	Une *Bibliothèque des Connaissances utiles*, cinq volumes, et cinq corrigés.	1	846.128
4534	Foncin, *Géographie historique*, un volume.	1	982.845
4535	Un étui porte-mine et une boîte papier à lettres.	1	176.432
4536	Foncin, *Géographie historique*, un volume.	1	420.425
4537	Deux sacs à éponges et un collier de chien. — Don de MM. Bar et Lecoq.	1	379.886
4538	Foncin, *Géographie historique*, un volume.	2	892.918

NUMÉROS des lots.	DÉSIGNATION DES LOTS	SÉRIES	BILLETS
4539	Une boîte à musique.	2	356.515
4540	Foncin, *Géographie historique*, un volume.	1	607.567
4541	Une boîte à musique.	1	9.782
4542	Un pèse-lettres thuya.	2	234.336
4543	Un cadran horaire et *Mascarades*, un volume.	2	121.823
4544	Un cadran horaire et un bougeoir émail.	1	810.072
4545	Un album.	1	500.302
4546	Un album.	1	451.487
4547	Un album.	1	518.050
4548	Un album.	2	62.089
4549	Un album.	1	301.487
4550	Un album.	2	408.670
4551	Un cadran horaire et deux boîtes papier à lettres.	2	492.704
4552	Une bibliothèque des connaissances utiles, cinq volumes, et deux boîtes papier à lettres.	1	704.257
4553	*Mes neufs ans*, un volume, et un collier de chien. — Don de M. Bricon.	2	775.034
4554	Deux boîtes papier à lettres et un thermomètre,	1	945.694
4555	Une douzaine porte-plumes et un rouleau musique mouton.	1	581.211
4556	Un collier de chien et un cadran horaire.	2	292.194
4557	Un cadran horaire et un porte-boîte lumineux.	1	108.552
4558	Un cadran horaire et deux papeteries.	2	127.837
4559	*Mes Neuf ans*, un volume, et un bougeoir avec bobèche. — Don de Mme Bricon.	1	708.297
4560	Un miroir et une paire de jarretières. — Don de Mme Bouchet-Dedieu.	2	284.566
4561	Un miroir et une paire de jarretières. — Don de Mme Bouchet-Dedieu.	2	155.613
4562	Un miroir et une paire de jarretières. — Don de Mme Bouchet-Dedieu.	2	335.036
4563	Une demi-boîte de cire et deux boîtes de papier à lettres.	1	447.116
4564	Un porte-monnaie et deux boîtes de papier à lettres.	1	446.367
4565	Un miroir et *Julius et Niriam*, un volume. — Don de Mme Bricon.	1	452.789
4566	Une garniture de bureau et une boîte à poudre.	2	295.807
4567	Une garniture de bureau et un vide-poche.	1	137.003
4568	Une garniture de bureau et un vide-poche.	1	489.149
4569	Deux appareils à réparer les brancards et un vide-poche. — Don de Mme Corniquet.	2	610.198
4570	Cinq corrigés et un vide-poche.	1	881.305
4571	Cinq corrigés et un vide-poche.	1	252.552
4572	Cinq corrigés et un vide-poche.	2	263.383
4573	Un vide-poche et deux boîtes papier à lettres.	2	918.512
4574	Cinq corrigés et un vide-poche	1	832.983
4575	Une demi-boîte de cire et un vide-poche.	2	216.020
4576	Un porte-monnaie et une boîte à poudre.	2	17.987
4577	Un porte-monnaie et une boîte à poudre.	1	270.901
4578	Un porte-monnaie et une boîte à poudre.	2	43.085
4579	Un porte-monnaie et une boîte à poudre.	2	832.990
4580	Un miroir et une paire de jarretières. — Don de Mme Bouchet-Dedieu.	1	867.118
4581	Un miroir et une paire de jarretières. — Don de Mme Bouchet-Dedieu.	2	192.553
4582	Une demi-boîte de cire et deux boîtes papier à lettres.	2	769.747
4583	Une demi-boîte de cire et deux boîtes papier à lettres.	2	420.430
4584	Une boîte papier à lettres brodé et un thermomètre.	1	639.377
4585	Une petite machine à coudre et un collier de chien.	2	427.445
4586	Un pliant canné et un fouet.	1	546.044
4587	Une demi-boîte de cire et deux boîtes papier à lettres.	1	207.031
4588	Un pliant canné et un porte-allumettes suédois.	2	801.987
4589	Un bougeoir émail et deux boîtes papier à lettres.	2	646.070
4590	Deux boîtes papier à lettres et une canne bois débité façonné.	2	641.560
4591	Deux boîtes papier à lettres et une canne bois débité façonné.	2	833.533
4592	Deux boîtes papier à lettres et une canne bois débité façonné.	2	478.044
4593	Une demi-boîte de cire et deux boîtes papier à lettres.	1	481.148
4594	Une demi-boîte de cire et deux boîtes papier à lettres.	1	341.463
4595	Une demi-boîte de cire et deux boîtes papier à lettres.	1	453.996
4596	Une demi-boîte de cire et deux boîtes papier à lettres.	1	653.352
4597	Deux boîtes papier à lettres et une canne bois débité façonné.	1	40.912
4598	Trois boîtes papier à lettres et une canne bois débité façonné.	2	881.308
4599	Une canne bois façonné et une comptabilité.	1	207.376
4600	Une carte porte-plume et un carnet maroquin.	2	964.844
4601	Un carnet maroquin rouge et cinq corrigés.	2	771.019
4602	Un pupitre et cinq corrigés.	1	150.717
4603	Deux boîtes papier à lettres et cinq corrigés.	2	159.196
4604	Quatre boîtes papier à lettres et un collier de chien.	2	960.761
4605	Une douzaine porte-plumes et un collier de chien.	2	363.681
4606	Une comptabilité avec étui et une jarretelle. — Don de Mme Bouchet-Dedieu.	1	479.994
4607	Une boîte papier satiné et une canne bois débité façonné.	1	158.832
4608	Trois boîtes papier à lettres et une canne bois débité.	2	653.438
4609	Trois boîtes papier à lettre et une canne bois débité.	2	706.797
4610	Une petite machine à coudre et une canne bois façonné.	2	167.405
4611	Une petite machine à coudre et une canne bois débité.	1	551.122
4612	Une petite machine à coudre et une canne bois débité.	1	992.670
4613	Une petite machine à coudre et une canne bois débité.	2	832.984
4614	Un collier de chien et une canne bois débité façonné.	2	771.979
4615	Un collier de chien et une canne bois débité façonné.	1	641.559
4616	Une petite machine à coudre et une canne bois débité.	1	425.391
4617	Deux boîtes papier à lettres et une canne bois débité.	2	825.010
4618	Deux boîtes papier à lettres et une canne bois débité.	2	894.681
4619	Deux boîtes papier à lettres et une canne bois débité.	2	954.889
4620	Deux boîtes papier à lettres et une canne bois débité.	2	900.834
4621	Deux boîtes papier à lettres et une canne bois débité.	2	275.752
4622	*La loi*, un volume.	1	79.797
4623	*Dauphin*, un volume. — Don de M. A. Colin.	1	657.648
4624	*Dauphin*, un volume. — Don de M. A. Colin.	2	989.267
4625	Une broche.	1	112.196
4626	Un solfège élémentaire.	1	147.512
4627	Dubail, *Atlas de géographie*, deux volumes.	1	52.634
4628	Dubail, *Atlas de géographie*, deux volumes.	2	485.583
4629	Quatre carnets cuir de Russie.	2	177.114
4630	Quatre carnets cuir de Russie.	2	669.316
4631	Une carte, *Paris kilométrique*,	1	275.759

NUMÉROS des lots	DÉSIGNATION DES LOTS	NUMÉROS GAGNANTS	
		SÉRIES	BILLETS
4632	Une canne à pêche.	2	958.352
4633	Une canne à pêche.	2	802.476
4634	Deux brosses à meubles. — Don de M. Roux.	2	107.159
4635	Une marotte.	1	715.764
4636	Un carnet de musique chagrin.	2	860.259
4637	Un collier de chien.	1	275.751
4638	Deux boîtes papier à lettres et un fouet.	1	024.497
4639	Deux boîtes papier à lettres et un fouet.	2	278.419
4640	Deux étuis porte-mine et un bougeoir porte-boîte.	1	923.091
4641	Une douzaine de porte-plumes et un collier de chien.	2	363.689
4642	Un étui crayon et un plan de Paris.	1	451.489
4643	Un cadran horaire et un plan de Paris.	1	926.419
4644	Deux boîtes papier à lettres et un plan de Paris.	1	953.123
4645	Un cadran horaire et un plan de Paris.	1	629.797
4646	Un cadran horaire et un plan de Paris.	1	888.917
4647	Un cadran horaire et deux boîtes papier à lettres.	2	634.980
4648	Trois boîtes papier à lettres.	1	816.972
4649	Trois boîtes papier à lettres.	2	771.017
4650	Cinq boîtes papier à lettres.	1	744.171
4651	Cinq boîtes papier à lettres.	2	715.765
4652	Un collier de chien et une canne bois débité façonné.	1	504.550
4653	Trois boîtes papier à lettres.	2	315.984
4654	Cinq corrigés et un étui porte-mine.	1	731.975
4655	Cinq boîtes papier à lettres.	2	134.001
4656	Cinq corrigés et une canne bois débité façonné.	1	826.144
4657	Six études pour piano.	1	587.468
4658	Deux boîtes papier à lettres.	1	701.651
4659	Deux étuis crayons et une canne bois débité façonné.	1	893.711
4660	Deux boîtes papier à lettres.	2	760.796
4661	Une douzaine porte-plumes et un thermomètre.	1	287.044
4662	*Voyage d'une hirondelle*, un volume.	2	860.346
4663	*Voyage d'une hirondelle*, un volume.	1	408.665
4664	*Voyage d'une hirondelle*, un volume.	1	56.539
4665	*Voyage d'une hirondelle*, un volume.	1	665.628
4666	*Napoléon le Petit*, un volume.	2	521.080
4667	Un album.	1	299.440
4668	Un album.	1	321.906
4669	Un album.	1	319.023
4670	Un album.	2	151.635
4671	Un album.	1	513.795
4672	Une camisole brodée. — Don de la grande chancellerie de Saint-Denis.	1	292.191
4673	Un album.	1	532.901
4674	Une demi-boîte cire de couleur et deux boîtes papier à lettres.	1	989.270
4675	Un porte-mine magique.	1	337.543
4676	Un thermomètre et cinq corrigés.	2	52.637
4677	Un grand porte-mine.	1	946.697
4678	Un thermomètre et cinq corrigés.	2	140.591
4679	Un sous-main maroquin anglais.	2	760.307
4680	Un thermomètre et cinq corrigés.	1	88.470
4681	Quatre carnets officier, mouton anglais.	2	769.818
4682	Un thermomètre sur bois et cinq corrigés.	1	639.204
4683	Quatre carnets, officier, mouton anglais.	2	682.609
4684	Une boîte papier à lettres brodé et un thermomètre vernis noir.	1	831.732
4685	Un pèse-lettres.	2	116.336
4686	Un porte-monnaie et une médaille en bronze.	2	151.639
4687	Cinq corrigés.	2	140.593
4688	Une garniture de bureau et une médaille en bronze.	1	939.581
4689	Cinq corrigés.	1	756.965
4690	Un porte-monnaie et une médaille en bronze.	1	949.595
4691	Cinq corrigés.	1	585.888
4692	Un porte-monnaie et une médaille en bronze.	2	134.007
4693	Cinq corrigés.	1	411.648
4694	Un porte-monnaie et une médaille en bronze.	1	364.277
4695	Une boîte à gants à glace. — Don de M. E. Mangin.	2	959.625
4696	Quatre carnets officier mouton lissé filets or.	2	475.980
4697	Quatre carnets officier mouton lissé filets or.	2	258.183
4698	Un block buvard.	2	524.365
4699	Un porte-musique mouton.	1	639.208
4700	*Kabyles et Kroumirs*, un volume. — Don de M. Victorion.	2	926.416
4701	Un collier de chien.	1	365.226
4702	Deux nacres peintes.	2	901.875
4703	Deux nacres peintes.	1	273.388
4704	Une jardinière.	2	121.328
4705	Deux nacres peintes.	2	247.550
4706	Deux nacres peintes.	1	108.177
4707	Deux nacres peintes.	1	355.319
4708	Deux nacres peintes.	2	88.467
4709	Deux nacres peintes.	2	657.258
4710	Deux nacres peintes.	1	96.763
4711	Deux nacres peintes.	1	915.283
4712	Deux nacres peintes.	2	61.478
4713	Une canne à pêche.	2	68.755
4714	Un porte-bouquet.	1	988.429
4715	Un porte-bouquet.	1	68.760
4716	Un porte-bouquet.	1	564.414
4717	Un porte-bouquet.	2	837.894
4718	Un porte-bouquet.	1	283.524
4719	*Les Deux amis*, un volume.	2	535.008
4720	*Vie des champs*, un volume.	2	491.557
4721	*Vie des champs*, un volume.	2	194.065
4722	*Fillette*, un volume.	1	995.112
4723	*Fillette*, un volume.	2	513.792
4724	*Le Travailleur*, un volume.	1	744.175
4725	*Découverte de la terre*, un volume.	2	359.367
4726	Trois mètres barils ivoire, ruban soie.	1	235.439
4727	*Décoration géométrique*, un volume. — Don de M. André Daly fils.	2	337.546
4728	*Décoration géométrique*, un volume. — Don de M. André Daly fils.	1	74.091
4729	Un coulant de serviette.	1	401.231
4730	Un coulant de serviette.	1	401.239
4731	Une tasse canard.	1	501.198
4732	Dix paires de jarretières. — Don de M. Lacroix.	2	359.561
4733	Une marotte (jouet).	2	326.580
4734	*Notions de sylviculture*, un volume. — Don de M. André Daly fils.	2	501.195
4735	*Notions de sylviculture*, un volume. — Don de M. André Daly fils.	1	9.519
4736	Deux mètres en ivoire.	2	71.887
4737	Deux mètres en ivoire.	2	196.524
4738	Deux mètres en ivoire.	1	494.882
4739	Deux mètres en ivoire.	2	451.881
4740	Deux mètres en ivoire.	2	564.411
4741	Quatre boîtes papier à lettres.	1	463.084
4742	Quatre boîtes papier à lettres.	1	911.412
4743	Quatre boîtes papier à lettres.	2	624.494
4744	Quatre boîtes papier à lettres.	2	716.232
4745	Quatre boîtes papier à lettres.	2	16.620
4746	Quatre boîtes papier à lettres.	2	835.324
4747	Quatre boîtes papier à lettres.	2	589.940
4748	Quatre boîtes papier à lettres.	1	831.214
4749	Quatre boîtes papier à lettres.	1	964.694
4750	Quatre boîtes papier à lettres.	1	445.576
4751	Quatre boîtes papier à lettres.	2	159.790
4752	Quatre boîtes papier à lettres.	1	365.230

NUMÉROS des lots	DÉSIGNATION DES LOTS	SÉRIES	BILLETS
4753	Quatre boîtes papier à lettres.	1	949.078
4754	Quatre boîtes papier à lettres.	1	278.414
4755	Un grand porte-mine.	1	970.570
4756	Six flacons coup de fer parisien. — Don de M. Heringer.	1	607.569
4757	*Le Nord pittoresque de la France*, un volume. — Don de MM. Lecène et H. Oudin.	2	43.254
4758	*A travers les étoiles*, un volume. — Don de MM. Lecène et H. Oudin.	2	270.520
4759	Bastien, *Lexique*, un volume.	2	936.289
4760	Bastien, *Lexique*, un volume.	2	826.578
4761	Bastien, *Lexique*, un volume.	1	824.950
4762	Bastien, *Lexique*, un volume.	2	121.322
4763	Bastien, *Lexique*, un volume.	1	333.248
4764	Bastien, *Lexique*, un volume.	1	71.388
4765	Bastien, *Lexique*, un volume.	1	529.841
4766	Bastien, *Lexique*, un volume.	1	629.914
4767	Bastien, *Lexique*, un volume.	1	127.382
4768	Bastien, *Lexique*, un volume.	1	765.277
4769	Bastien, *Lexique*, un volume.	2	79.909
4770	Bastien, *Lexique*, un volume.	1	474.734
4771	Bastien, *Lexique*, un volume.	2	29.266
4772	Bastien, *Lexique*, un volume.	1	315.981
4773	Bastien, *Lexique*, un volume.	1	657.646
4774	Bastien, *Lexique*, un volume.	2	459.853
4775	Bastien, *Lexique*, un volume.	2	176.437
4776	Bastien, *Lexique*, un volume.	2	501.408
4777	Gassier, *Farce du Cuvier*, un volume.	1	52.611
4778	Gassier, *Farce du Cuvier*, un volume.	2	856.548
4779	Gassier, *Farce du Cuvier*, un volume.	2	501.193
4780	Gassier, *Farce du Cuvier*, un volume.	1	220.315
4781	Gassier, *Farce du Cuvier*, un volume.	2	608.829
4782	*Quenottes et Menottes*, un volume.	1	235.220
4783	*Heures enfantines*, un volume.	2	789.766
4784	Une montre nickel.	2	260.684
4785	Un costume. — Don de MM. Dugué-Penicaud et Cie.	1	332.349
4786	*Décoration géométrique*, un volume. — Don de M. André Daly fils.	2	188.787
4787	*Promenades botaniques*, un volume.	2	546.556
4788	*Promenades botaniques*, un volume.	1	43.082
4789	Un plumeau boule de neige et un fouet. — Don de M. J.-C. Durup.	2	16.612
4790	*Promenades botaniques*, un volume.	2	949.077
4791	Une garniture de bureau et un collier de chien.	1	706.798
4792	*Promenades botaniques*, un volume.	1	729.415
4793	Un vide-poche et deux boîtes de papier à lettres.	1	85.051
4794	Un costume. — Don de MM. Dugué-Penicaud et Cie.	1	317.488
4795	*Promenades entomologiques*, un volume	2	89.184
4796	Une paire de jarretières et *Bouton de Rose*, un volume. — Don de Mme Bouchet-Dedieu.	1	268.267
4797	*Promenades entomologiques*, un volume.	2	323.784
4798	Une boîte à musique, deux airs.	1	662.844
4799	*Promenades entomologiques*, un volume.	1	283.530
4800	*Promenades entomologiques*, un volume.	2	9.518
4801	Une canne boule argent. Don de MM. Alfred Raby et Cie.	1	151.034
4802	*Promenades entomologiques*, un volume.	2	607.566
4803	Un pliant-fauteuil. — Don de M. Picot.	1	126.487
4804	*Promenades entomologiques*, un volume.	1	957.696
4805	Une demi-douzaine de bas. — Don de M. Bouly-Lepage.	2	923.100
4806	Un caisse de 12 bouteilles de vin. — Don de la commission du Chili.	1	293.484
4807	Deux boîtes papier à lettres.	1	394.747
4808	Deux boîtes papier à lettres.	2	796.778
4809	Deux boîtes papier à lettres.	1	970.562
4810	Deux boîtes papier à lettres.	2	675.521
4811	Deux boîtes papier à lettres.	2	176.433
4812	Deux boîtes papier à lettres.	2	563.148
4813	Deux boîtes papier à lettres.	1	542.915
4814	Deux boîtes papier à lettres.	2	954.286
4815	Une cible jonc étoiles avec écusson et 5 flèches.	2	359.563
4816	Issouart, *Pédagogie*, un volume.	2	179.851
4817	Issouart, *Pédagogie*, un volume.	2	518.043
4818	Issouart, *Pédagogie*, un volume.	1	792.098
4819	Issouart, *Pédagogie*, un volume.	2	610.882
4820	Lanessan (de), *Botanique*, un volume.	1	447.114
4821	Lanessan (de), *Botanique*, un volume.	1	657.945
4822	Lanessan (de), *Botanique*, un volume.	1	681.025
4823	Lanessan (de), *Botanique*, un volume.	1	702.465
4824	Maugeolle, *Problème de l'histoire*, un volume.	2	235.219
4825	Un thermomètre verni noir et un pantin.	2	831.692
4826	Maugeolle, *Problème de l'histoire*, un volume.	2	62.083
4827	Un thermomètre verni noir ; *Inventaire de ma chambre*, un volume, et un miroir.	2	52.631
4828	Maugeolle, *Problème de l'histoire*, un volume.	1	52.636
4829	Un thermomètre verni noir et un porte-monnaie.	1	860.341
4830	Maugeolle, *Problème de l'histoire*, un volume.	2	742.585
4831	Une cible jonc carrée et cinq flèches.	1	981.621
4832	Une cible jonc avec écusson et cinq flèches.	1	610.199
4833	Une cible jonc ronde avec écusson et flèches.	1	722.745
4834	Froncin, *Histoire*, un volume.	1	486.539
4835	Froncin, *Géographie historique*, un volume.	1	721.772
4836	Froncin, *Géographie historique*, un volume.	2	70.718
4837	Un album.	2	795.512
4838	Un album.	1	420.427
4839	Un album.	1	912.477
4840	Un album.	2	332.342
4841	Camille Flammarion, deux volumes.	2	30.114
4842	Camille Flammarion, deux volumes.	1	79.799
4843	Camille Flammarion, deux volumes.	2	468.589
4844	Camille Flammarion, deux volumes.	1	881.309
4845	Camille Flammarion, deux volumes.	2	109.628
4846	*Soirées dansantes* (musique), un volume.	2	137.004
4847	Deux boîtes papier à lettres.	1	826.142
4848	Trois boîtes papier à lettres.	2	477.361
4849	Foncin, *Géographie historique*, un volume.	2	905.119
4850	Foncin, *Géographie historique*, un volume.	2	954.887
4851	Une boîte à poudre et une médaille en bronze.	1	452.787
4852	Une boîte à poudre et une médaille en bronze.	2	623.535
4853	*Mélodies*, un volume	2	000.400
4854	Un collier de chien.	2	953.263
4855	*Mélodies, Grèce*, un volume.	1	435.343
4856	Une boîte à poudre et une médaille en bronze.	1	446.565
4857	Une boîte à poudre et une médaille en bronze.	2	840.366
4858	Deux boîtes papier à lettre.	2	482.485
4859	Une boîte à poudre et une médaille en bronze.	2	400.756
4860	Une boîte à musique à manivelle.	2	871.846
4861	Deux boîtes papier à lettres.	1	995.645
4862	Quatre boîtes papier à lettres.	2	739.578
4863	Un sous-main.	1	501.405
4864	Un carton à musique.	2	623.537
4865	Un agenda de poche maroquin.	2	725.818
4866	Un fouet.	1	892.920
4867	Un stick.	2	573.964
4868	Un fouet.	2	328.786
4869	Une canne.	1	260.689

NUMÉROS des lots	DÉSIGNATION DES LOTS	SÉRIES	BILLETS
4870	Une canne.	2	486.540
4871	Une canne.	1	573.054
4872	Une canne.	1	309.972
4873	Une canne.	2	912.474
4874	Une garniture boutons.	2	216.018
4875	Une garniture boutons.	1	355.347
4876	Une garniture boutons.	2	894.687
4877	Une garniture boutons.	1	672.279
4878	Une garniture boutons.	1	885.732
4879	Une garniture boutons.	2	413.324
4880	Une garniture boutons.	2	784.640
4881	Une garniture boutons.	2	662.847
4882	Une garniture de cheminée, soufflet et balai.	2	504.257
4883	Une garniture boutons.	2	83.731
4884	Une garniture boutons.	2	657.643
4885	Une garniture boutons.	1	451.890
4886	Une garniture boutons.	1	894.690
4887	Une canne fantaisie.	2	188.783
4888	Une canne fantaisie.	2	610.492
4889	Une canne fantaisie.	2	535.004
4890	Une canne fantaisie.	2	953.269
4891	Une canne adrelet.	2	622.270
4892	Une canne adrelet.	2	860.342
4893	Une canne adrelet.	2	127.331
4894	Une canne adrelet.	1	562.722
4895	Un châle.	2	68.753
4896	Un châle.	1	653.430
4897	Un châle.	1	305.764
4898	Un châle.	2	792.095
4899	Un châle.	2	872.323
4900	Un châle.	2	150.039
4901	Un châle.	1	570.391
4902	Un châle.	2	56.531
4903	Une marotte.	2	819.412
4904	Un plat.	1	835.216
4905	Un carnet bal.	2	824.945
4906	Un carnet bal.	2	31.722
4907	Un cadre photographie.	1	468.588
4908	Un cadre photographie.	1	901.880
4909	Un cadre photographie.	2	187.924
4910	Un cadre photographie.	1	517.138
4911	Un cadre photographie.	1	29.267
4912	Un cadre photographie.	2	943.870
4913	*Rêves de jeunes pianistes*, un volume.	2	234.332
4914	Victor Hugo, un volume.	1	689.647
4915	Victor Hugo, un volume.	2	622.268
4916	Victor Hugo, un volume.	1	74.095
4917	*Gustave-Adolphe*, un volume.	1	361.005
4918	*Gsutave-Adolphe*, un volume.	2	836.371
4919	*Gustave-Adolphe*, un volume.	2	605.211
4920	*Gustave-Adolphe*, un volume.	2	167.403
4921	Une boîte cire couleurs.	1	561.249
4922	Une boîte cire couleurs.	1	994.081
4923	Une boîte cire couleurs.	2	270.573
4924	Une boîte cire couleurs.	2	589.938
4925	Un collier de chien.	1	980.460
4926	Une boîte cire couleurs.	2	358.462
4927	Une boîte cire couleurs.	1	445.574
4928	Une boîte cire couleurs.	1	533.134
4929	Une boîte cire couleurs.	2	97.239
4930	Une boîte cire couleurs.	1	915.206
4931	Une boîte cire couleurs.	1	978.789
4932	Deux boîtes papier à lettres.	2	963.005
4933	Une boîte cire couleurs.	2	723.177
4934	Une boîte cire couleurs.	2	640.619
4935	Un châle.	2	451.486
4936	Un châle.	2	571.637
4937	Un châle.	2	765.309
4938	Un châle.	2	953.261
4939	Une garniture de cheminée, soufflet et balai. — Don de M. Bodevin aîné.	2	335.790
4940	*Victor Hugo*, un volume.	2	629.736

NUMÉROS des lots	DÉSIGNATION DES LOTS	SÉRIES	BILLETS
4941	Une boîte cire à cacheter.	1	529.843
4942	Une boîte cire à cacheter.	2	275.760
4943	Une boîte cire à cacheter.	2	844.787
4944	Une boîte cire à cacheter.	1	170.152
4945	Une boîte cire à cacheter.	1	305.836
4946	Une boîte cire à cacheter.	2	915.205
4947	Une boîte cire à cacheter.	1	535.001
4948	Une boîte cire à cacheter.	1	808.059
4949	Une boîte cire à cacheter.	1	970.564
4950	Une boîte cire à cacheter.	2	600.366
4951	Une boîte cire à cacheter.	1	287.050
4952	Une boîte cire à cacheter.	2	334.767
4953	Un collier de chien.	2	954.284
4954	Une chemise de nuit. — Don de la grande chancellerie de Saint-Denis.	1	159.787
4955	Une taie d'oreiller. — Don de la grande chancellerie de Saint-Denis.	1	729.413
4956	Un drap d'enfant. — Don de la grande chancellerie de Saint-Denis.	1	487.410
4957	Deux plumeaux. — Don de M. Baudry.	2	1.016
4958	Un presse-papier. — Don de M. Degouy.	2	273.387
4959	Une paire de bretelles. — Don de M. Oulman.	1	750.681
4960	Une petite tente jouet. — Don de Mme veuve Jacquelin.	1	827.901
4961	Une médaille en bronze.	2	970.562
4962	Une médaille en bronze.	1	158.836
4963	Une médaille en bronze.	2	954.883
4964	Une médaille en bronze.	2	433.346
4965	Une médaille en bronze.	2	423.067
4966	Une médaille en bronze.	1	183.786
4967	Une médaille en bronze.	1	568.908
4968	Une médaille en bronze.	1	517.715
4969	Une médaille en bronze.	2	420.422
4970	Une médaille en bronze.	2	810.077
4971	Une médaille en bronze.	2	607.570
4972	Une médaille en bronze.	2	962.496
4973	Une médaille en bronze.	2	885.731
4974	Une médaille en bronze.	2	683.571
4975	Une médaille en bronze.	2	108.178
4976	Une médaille en bronze.	2	341.462
4977	Six bouteilles d'hydromel ou eau-de-vie de miel. — Don de M. X...	2	386.209
4978	Une médaille en bronze.	1	219.366
4979	Une médaille en bronze.	1	689.649
4980	Une médaille en bronze.	2	641.552
4981	Un dictionnaire illustré. — Don de M. A. Colin.	1	427.475
4982	Une robe d'enfant. — Don de la grande chancellerie de Saint-Denis.	1	508.881
4983	Un mouchoir brodé. — Don de la grande chancellerie de Saint-Denis.	2	446.362
4984	Une robe longue et une paire de chaussons. — Don de la grande chancellerie de Saint-Denis.	1	937.056
4985	Une veste d'enfant. — Don de la grande chancellerie de Saint-Denis.	2	968.778
4986	Trois bouteilles liqueurs. — Don de M. X...	2	775.034
4987	Une médaille bronze et une *Histoire de France*. — Don de M. A. Colin.	1	258.184
4988	Une médaille bronze et une *Histoire de France*. — Don de M. A. Colin.	2	907.533
4989	Une médaille en bronze et un tableau de papillons.	1	180.287
4990	Une médaille en bronze et une paire d'écrans à bougies. — Don de la grande chancellerie de Saint-Denis.	1	333.037
4991	Une médaille en bronze et un pot à lait. — Don de la grande chancellerie de Saint-Denis.	1	2.726
4992	*Histoire de France*, un volume, et un Dictionnaire illustré. — Don de M. A. Colin.	2	395.797
4993	Une valise en cuir. — Don du commissariat du Brésil.	2	799.587

DÉSIGNATION DES LOTS	NUMÉROS GAGNANTS		NUMÉROS des lots.	DÉSIGNATION DES LOTS	NUMÉROS GAGNANTS	
	SÉRIES	BILLETS			SÉRIES	BILLETS
Un coupon de dentelle. — Don de M. Farigoule.	1	68.081	4998	Une garniture tambour, colonne à glace, pendule et coupe marbre.	2	515.125
Dictionnaire illustré, un volume. — Don de M. A. Colin.	1	507.033	4999	Une garniture de cheminée, soufflet et balai.	1	887.918
Une pendule faïence.	1	936.178	5000	Un volume, *Voyage à Segou*.	2	415.567
Une pendule mignonnette.	1	768.681				

EXPOSITION UNIVERSELLE DE 1889

EN PRÉPARATION

A l'imprimerie des JOURNAUX OFFICIELS

LES EXPOSITIONS

DE L'ÉTAT

AU CHAMP DE MARS ET A L'ESPLANADE DES INVALIDES

RECUEIL

DES COMPTES RENDUS ET TRAVAUX PUBLIÉS PAR LE *JOURNAL OFFICIEL*

SUR LES EXPOSITIONS DES MINISTÈRES, DES SERVICES PUBLICS

ET DES GRANDES ADMINISTRATIONS

DE LA VILLE DE PARIS, DES MANUFACTURES. ETC.

2 Vol. in-quarto, environ **800 pages**, à trois colonnes, avec Tables explicatives.

PRIX : **5** FR. — FRANCO : **6** FR.

Le chiffre du tirage étant limité au nombre des souscriptions, on est prié d'envoyer dès à présent un mandat-poste à l'Administration des JOURNAUX OFFICIELS, 31, quai Voltaire.